PHILIPPE BURTY

F.-D. FROMENT-MEURICE

ARGENTIER DE LA VILLE

1802-1855

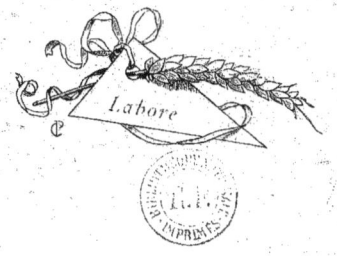

PARIS
D. JOUAUST IMPRIMEUR
M DCCC LXXXIII

FROMENT-MEURICE (Désiré-François), orfèvre et joaillier français, né à Paris le 31 déc. 1802, mort à Paris en févr. 1855. Fils d'un orfèvre, il succéda au second mari de sa mère, à M. Meurice, dont il joignit le nom au sien. Très épris de son art, il se fit beaucoup remarquer aux expositions de 1839, de 1844 et de 1849. En 1851, à Londres, il eut également un grand succès. Ses bracelets, ses bagues, ses coupes, ses aiguières, ses épées d'honneur, sa fameuse table exécutée pour le duc de Luynes, tout cela révèle un artiste de premier ordre et d'un génie bien français. Ses deux groupes d'ivoire et d'argent firent sensation en 1855 au palais de l'Industrie. Victor Hugo lui a consacré et dédié une pièce des *Contemplations*. — Son fils *Emile* Froment-Meurice continue noblement la tradition de son père, et son culte pour la Renaissance ne l'a pas empêché d'être un artiste personnel. Lechevalier-Chevignard lui fournit des dessins et Moreau-Vauthier (mort en 1893) lui modela des figures. Citons de lui *la Nef parisienne*, offerte en 1887 par les dames de France à la princesse Amélie qui épousait le duc de Bragance; *la Flore*, moitié ivoire et moitié vermeil, d'après le sculpteur Delaplanche; un immense vase en argent d'après les dessins de M. Sédille, et dans le style de la Renaissance italienne; des surtouts de table, des services de toilette, des pièces d'orfèvrerie d'église; c'est dans une de ces dernières pièces qu'il a fait un essai d'émail translucide sur relief. On connaît aussi *les Soucis, les Violettes, les Amaranthes* et *les Lys* qui sont distribués en prix par les *Jeux floraux* et qui rappellent poétiquement la réalité. Un des dessinateurs qui a le plus travaillé pour lui est H. Cameri. Celui-ci composa notamment la *Nef*, citée plus haut, *la Lyre d'argent* offerte à Victor Hugo et la tiare que le pape reçut pour son jubilé.   Ch. GRANDMOUGIN.

BIBL.: Ph. BURTY, *F.-D. Froment-Meurice, argentier de la ville*; Paris, 1883.

Froment-Meurice.

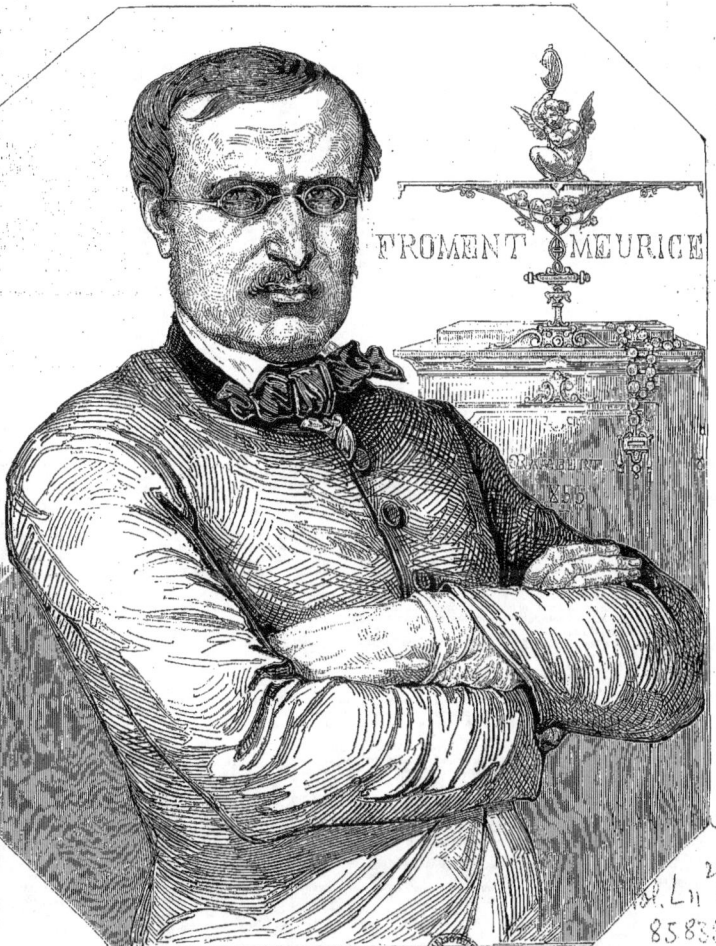

L'orfévrerie française vient de faire une grande perte.

L'un des plus habiles représentants de cet art, M. Froment-Meurice, l'orfévre de la ville de Paris, a succombé à une courte maladie au moment même où la considération que son talent et sa fortune lui avaient acquise le plaçaient au premier rang des artistes dont s'honore le plus cette riche industrie parisienne.

Tout le monde a pu apprécier la variété et l'élégance des dispositions que le goût ingénieux de Froment-Meurice savait jeter à profusion sur ces bagues, ces colliers, ces pierreries, ces bracelets, ces parures où la richesse de la matière disparaissait toujours sous le prix bien supérieur de l'exécution artistique; tout le monde se souvient d'avoir admiré, parmi les productions de ce célèbre argentier, l'ostensoir et le calice, le bouclier de Neptune, la toilette de S. A. R. Mme la comtesse de Chambord, des coffrets, des miroirs à main, et une foule d'autres créations dont *l'Illustration* a été assez heureuse pour donner la représentation à ses lecteurs (1), et qui ont figuré avec éclat dans toutes les expositions de l'industrie française ainsi qu'au concours universel des arts et de l'industrie de toutes les nations dernièrement ouvert en Angleterre. Laissons donc de côté l'appréciation des mérites non contestés de l'artiste pour faire connaître l'homme, sa bonté infinie, sa rondeur, sa cordialité, et toutes les qualités privées qui le distinguaient et qui nous ont été révélées par l'affection sans bornes que lui portaient ses collaborateurs.

Travailleur infatigable, Froment-Meurice aimait tout ce qui fait œuvre de ses mains, et sa bonté s'étendait sur tous ceux qui se courbent avec patience, ardeur et conviction sur leur œuvre. Riche et honoré, pouvant aspirer au repos, il trouvait au contraire, dans une activité toujours renaissante, l'occasion d'être utile, en provoquant, avec un tact et un esprit infinis, les favorisés de la fortune aux capricieuses fantaisies du luxe, source du travail qui assure l'avenir de l'ouvrier patient et du profit qui permet une création à l'enthousiasme de l'artiste; c'est ainsi que se sont élevés dans l'industrie ou dans l'art beaucoup d'hommes qu'il avait pris par la main, aidés de ses conseils, patronnés de son dévouement et soutenus de son crédit; c'est ainsi encore que, quelques jours avant sa mort, il prodiguait les plus chaleureux encouragements à un important et précieux travail de bijouterie entrepris pour l'Exposition universelle de 1855 et soumis à son appréciation par un de ses jeunes confrères, dont la reconnaissance se traduit aujourd'hui par de profonds regrets.

A ces divers titres, et surtout aux désirs exprimés d'une manière bien touchante par ses ouvriers, ou plutôt ses amis, comme il se plaisait à les nommer, *l'Illustration* devait accorder à M. Froment-Meurice la place honorable à laquelle a droit tout artiste, homme de bien, dont l'éloge est si unanime et la perte si vivement sentie.

G. FALAMPIN.

(1) Vol. III, p. 200 et 324; VI, p. 64; XIII, p. 364; XVII, p. 313; XVIII, p. 28.

d'un peu de reconnaissance tardive, et eût fait commencer par son parlement de Paris ce procès de réhabilitation, qui était moins un hommage qu'une sorte de doute encore, puisque par-là, au lieu d'être déifié comme il convenait déjà, le souvenir de Jeanne était mené devant des juges; qui donc se leva pour parler d'elle? Qui donc vint attester Dieu, pour raconter les miracles de cette sainte martyre de la patrie? Son doux et chaste héroïsme, sa candeur transfigurée, sa haine pour l'étranger usurpateur, qui n'allait jamais sans miséricorde et sans larmes pour le vaincu; qui vint dire tout ce que la fille des champs gardait de simplesse charmante et de modestie sous le harnais de la guerrière; qui vint enfin par des aveux naïfs, mais tout illuminés d'enthousiasme, révéler le secret de cette vie merveilleuse, de cette extase militante, de cette exaltation dans le bon sens, comme l'a si bien dit M Michelet? Ce fut le peuple encore, le peuple qui l'avait comprise en l'écoutant parler, en la voyant combattre, et qui, pour croire en elle, n'avait pas cherché, comme les docteurs, au delà de sa bannière fleurdelisée et de son auréole; ce furent les braves gens d'Orléans ses hôtes pour un mois, ses obligés pour la vie; la bonne bourgeoise Colette, chez qui elle avait logée; les bons prêtres qui l'avaient vue pleurer, à l'église, après avoir prié; sur le champ du carnage, après avoir combattu, et qui s'émerveillaient d'une telle douceur avec un tel courage. Quant aux gens de guerre, sauf Dunois, le duc d'Alençon et quelques autres, qui ne purent mentir à leur franchise de soldat, sauf le vieux Daulon, l'écuyer de Jeanne, et Louis de Coutes, son page, fort peu vinrent parler pour elle, et attester haut ce qu'ils avaient vu mieux que personne; si bien qu'après ce procès de réhabilitation, dans lequel les petites gens semblent seuls avoir eu la parole, on peut dire que la gloire de Jeanne est sortie toute armée et rayonnante des aveux du peuple, comme elle-même elle était sortie de ses rangs.

Ce n'est pas tout: cette gloire ainsi créée, c'est le peuple encore qui seul sut la maintenir et la défendre. La réhabilitation proclamée, la sentence rendue, ce n'avait pas été, en effet, justice complétement faite. Le doute ironique continua de percer dans l'opinion des gens de cour au sujet de Jeanne Darc Sous Louis XI, le roi aux cauteleuses concessions et aux complaisances adroites pour les adorations populaires; Orléans, la ville héroïque, et Jeanne la Vaillante ne furent sans doute pas oubliées; mais, dans les récompenses, la ville fut mieux partagée que l'héroïne. Elle eut des priviléges nouveaux, elle obtint d'agrandir son enceinte, elle fut traitée enfin comme le méritaient ses services de bonne et courageuse cité. Quant à Jeanne, on se contenta de la recompenser dans sa race, à qui un annoblissement fastueux, armorié de fleurs de lis, fut octroyé; en outre, d'une assez maigre concession de terre que lui fit, non pas le roi, mais la ville d'Orléans. Pour Jeanne elle-même, il n'y eut de véritable récompense qu'un monument mesquin, dont elle dut même partager l'honneur avec le roi faineant qui lui devait son royaume et son surnom de *Victorieux*; triste partage, funeste même : car la présence du roi sur l'*ex-voto* fut cause que, sans respect pour Jeanne, les huguenots le détruisirent.

Une fois que ce piètre hommage avait été rendu, on avait pensé que la dette de la France était suffisamment payée, et peut-être, car, à vertu modestement sublime, il ne faut pas fastueux salaire; peut-être aurait-on eu raison si une vénération unanime et constante pour la mémoire de la Pucelle, se transmettant à travers les générations par un accord touchant de la gratitude populaire avec le témoignage des historiens, était venu suppléer au reste; mais il n'en avait pas été ainsi.

Tandis que les récits amers de Monstrelet, un Flamand, un sujet du duc de Bourgogne, un ami des Anglais, couraient le monde et y propageaient des mensonges hostiles à la Pucelle; tandis que chez les gens de robe et chez les universitaires on se repaissait de chroniques non moins intéressées à la calomnie, comme *le Journal du bourgeois de Paris*, par exemple, qu'avait écrit un effréné Bourguignon, un ennemi juré des *Arminats* (Armagnacs), de Charles VII, et, par conséquent, de Jeanne Darc, à qui il prodiguait l'insulte; à peine entendait-on quelques voix s'élever et prendre parti pour elle. Chose désolante encore! lorsque ces voix venaient à parler avec toute l'autorité de leur éloquence célèbre : car c'étaient celle de Gerson, par exemple, et celle de Christine de Pisan, à peine daignait-on leur prêter l'oreille. On les laissait se perdre dans la solitude et le silence, qui, dès le jour du supplice de Jeanne, s'étaient faits autour de son bûcher éteint.

Dans ce monde où il n'est personne qui n'ait lu l'œuvre sacrilége de Voltaire; personne qui n'ait ri du poëme maladroit de Chapelain; qui donc sait que Gerson, l'austère et éloquent docteur, a fait, du haut de sa fière et solide raison, l'apologie de Jeanne Darc? Qui donc, même parmi les lettrés, s'est enquis avant ce dernier temps de ce beau chant national que Christine de Pisan

> Je Christine qui ay plouré
> XI ans en l'abbaye close...

écrivit, toute émue et glorieuse pour son sexe, en l'honneur de la chaste héroïne?

> Et toy, Pucele bénourée,
> I dois-tu estre obliée,
> [illegible]

moins, toute l'offensante façon de penser de son interlocuteur. Guillaume du Belley Langey, en son livre des *Instructions sur le fait de la guerre ou de la discipline militaire*. Paris, Vascosan, 1549, liv. II, fol. 59, a écrit : « Du temps du roy Charles VII, en la guerre qu'il avoit contre les Angloys, fut Jeanne la Pucele en France, reputée une persone divine, et chacun affermoit qu'elle avoit esté envoyée de par Dieu. Mais, à ce que l'on veut dire, ce avoit été le roy qui s'estoit avisé de cette ruse pour donner quelque bonne espérance aux François, leur faisant entendre la sollicitude que Nostre-Seigneur avoit de son royaume; et avecques ce que ledit roy travailloit en ce que la susdite Jehanne fut trouvée véritable en ses dits, et que la plupart de ses entreprises vinssent à bonne fin; pour exécuter lesquelles, elle-même s'armoit et se trouvoit parmi les chevaliers aux combats. Les Françoys y eurent une telle fiance que de là en avant la force des Angloys descheut de jour en jour, et la leur augmenta. »

Cette manière de juger Jeanne Darc et de résoudre lestement le merveilleux problème de sa vie était encore de fort bon ton au dix-septième siècle. Du Haillan n'y fit que reproduire, dans son *Histoire*, le dire de Du Bellay. Plus tard, en l'enjolivant un peu dans ses *Mémoires*, l'abbé d'Artigny s'en composa aussi une opinion non moins ridiculement injuste. On pensait qu'il n'appartenait pas à un écrivain sérieux de croire à Jeanne Darc et surtout de le dire. On laissait ce soin aux poëtes, qui, en effet, vers le même temps, en 1628, lors d'un concours ouvert pour une inscription à graver sur le monument qu'on venait de rétablir au milieu du pont d'Orléans, ne se firent pas faute d'éloges en quatrains, sixains, etc., pour la plus grande gloire de Jeanne. Quoique plus d'un des plus célèbres, en français ou en latin, Malherbe, Scaliger, Nicolas Bourbon, de Cailly, de Sainte-Marthe, Pasquier, se fussent mis de la partie, ce concours poétique n'aboutit à rien de bon; sauf ces vers gracieux de Mlle de Gournay :

> Peux-tu bien accorder, vierge du ciel chérie,
> Cet œil plein de douceur et ce glaive irrité!
> — Mon regard attendri caresse ma patrie,
> Et ce glaive en fureur lui rend la liberté.

Aucune de ces pièces ne mérita de survivre, pas même le sixain prétentieusement mythologique, où Malherbe, comparant l'œuvre de la vierge inspirée avec les travaux d'Hercule, s'écriait :

> Celle qui vivait comme Alcide
> Devait mourir comme il est mort.

Ainsi Jeanne, dédaignée, calomniée par l'histoire, n'était pas vengée par la poésie. Cette revanche, que réclamait sa gloire, le poëme de Chapelain ne la lui donna pas davantage. Si du moins ce poëme malheureux n'eût été qu'une louange avortée, un panégyrique perdu, le mal n'eût pas été grand; mais ce qui fit de son apparition un véritable malheur pour la mémoire de la Pucelle, c'est que par ses ridicules il donna de nouvelles armes aux détracteurs de l'héroïne, et mit contre elle de nouveaux rieurs, c'est que, par les solennités abruptes et les pompes grotesques de son style, il sembla appeler une parodie, et que cette parodie, trop tôt parue, fut pour Jeanne le plus insultant, le plus cynique des outrages, ce fut *la Pucelle* de Voltaire.

L'impuissance de la poésie à réhabiliter Jeanne Darc méconnue, la déplorable insuffisance des épopées, — pour ne parler que de celle de Chapelain, j'en ai passé, et des plus misérables, — la médiocrité de tous les poëmes apologétiques, semblaient prouver que pour dignement apprécier la Pucelle, ce n'était pas, en dépit du prestige presque fabuleux qui l'entoure, à des œuvres de pure imagination, mais bien plutôt à la vérité sévère qu'il était bon de s'adresser. Ce n'est point un poëme épique qu'il fallait faire avec l'histoire de Jeanne Darc, c'est l'épopée de Jeanne Darc qu'il fallait montrer en pleine histoire; le merveilleux se rencontrant de lui-même dans cette vie d'exception, et la réalité, au contraire, y étant la seule chose à trouver, la seule chose à démontrer. On s'en avisa bien tard, mais assez à temps toutefois pour préparer les vastes travaux, pour poser les premières assises des grands monuments entrepris et accomplis à notre époque pour cette partie de nos annales.

Chose singulière! c'est dans le temps même où l'œuvre scandaleuse de Voltaire venait pour ainsi dire achever la désillution poétique au sujet de la Pucelle, que ces premiers travaux de réhabilitation par l'histoire furent commencés. M. de Laverdy, contrôleur général des finances en disgrâce, voulant se consoler de n'être plus le ministre de Mme de Pompadour, se donna, entre autres tâches historiques, celle, au moins étrange comme contraste, de reviser toutes les pièces des procès de Jeanne Darc, et d'en donner l'analyse; ce qu'il fit, avec le soin le plus consciencieux, dans l'un des volumes de *Notices des manuscrits* de la Bibliothèque alors royale. Son exemple fut bientôt suivi. Ce fut à qui des curieux de l'histoire s'emparerait, pour les élucider, des points obscurs de la vie de Jeanne Darc. Lebrun des Charmettes, pour prendre sa revanche d'un mauvais poëme épique, l'*Orléade*, je crois, dont la Pucelle était l'héroïne, fit une laborieuse compilation de toutes les pièces la concernant. Mais ce n'était pas encore assez de ce labeur, louable

une ombre, un mythe, un fantôme. L'un des points qui le pré[...] par exemple, et qui rentre bien dans cette recherche de l[...] dont nous parlons, c'est l'*Iconographie* de Jeanne Dar[...] recherche des différents portraits qui nous ont plus ou m[...]tement reproduit sa ressemblance. — Cette partie des [...] M. Vallet de Viriville n'est pas encore complétement achev[...] nos lecteurs peuvent juger de ce qu'elle sera par le fragme[...] a publié *l'Illustration* du 15 juillet dernier; d'un autre cô[...] s'assurer de l'ardeur infatigable de l'historien dans ses rech[...] et de son art fin et soigneux dans leur mise en œuvre, on [...] lire, comme nous l'avons fait, les travaux qu'il a déjà publi[...] chant Jeanne Darc, soit dans la *Bibliothèque de l'École des [...]tes*, soit dans le *Bulletin de la société de l'Histoire de F[...]* et surtout ceux qui, après nous avoir inspiré cet article, nou[...] été d'un si grand secours comme renseignement. L'un est p[...] le résumé le plus clair et le plus complet de toutes les déco[...] réalisées sur ce point par l'érudition moderne; l'autre al[...] une question dédaignée à tort jusqu'à présent, résout le pr[...] orthographique soulevé par le nom de Jeanne Darc. Après [...]cherches les plus curieuses sur la famille de la Pucelle, sur [...]cendances et les descendances de sa race, l'auteur arrive à [...] que l'apostrophe, ce signe éminemment nobiliaire, ne doit [...] en aucune façon dans le nom de l'héroïque fille du peuple. — [...] vous développerai pas ses raisons, mais je vous déclarerai [...] m'ont convaincu; je dirai en outre, à ceux à qui la chose in[...] au conseil municipal d'Orléans, par exemple, qui avant pe[...] inscrire le nom de Jeanne Darc sur un nouveau monume[...] cette orthographe de M. Vallet de Viriville, adoptée par nous, consacrée par l'admirable historien de la Pucelle, M. Michele[...] sécration qui vaut toutes les autres.

ÉDOUARD FOURNI[...]

Souscription

POUR LES SOLDATS ET MARINS EN CRIMÉE.

La neuvième liste de souscription, publiée par *le Monit[...]* 8, s'élève 1,262,730 fr. 69 c. On voit par là que la vertu [...]jours récompensée, et que *le Moniteur* n'a pas été trop ma[...] en ouvrant ses colonnes aux résultats de l'appel fait à la sym[...] nationale par Mme la comtesse de G.

Dans cette nouvelle liste du *Moniteur* nous ne voyons [...]core figurer la souscription de la ville de Cognac et de deux [...] de cet arrondissement, montant à 31,000 fr., non plus que [...]nier versement de *l'Illustration*.

Nous avons encore reçu directement :

	fr. c.
Mlles E. et A.-G.	5
Une dame de Colmar.	30
Tarbé des Sablons.	100
Un ex-vélite, à la Nouvelle-Orléans.	50
Poule au café du Petit-Carreau.	30
Souscription recueillie par Deloche, pharmacien, à la Nouvelle-Orléans.	
Mme la comtesse de G., montant du déficit du concert de M. Fumagalli, fourni par elle, et faisant double emploi avec le versement de M. Fumagalli.	
Total.	

Les lettres que nous recevons de Crimée expriment le reg[...] les effets de cette bienfaisance nationale n'aient pas pu [...] plus tôt, et quelques-unes prétendent que l'emploi des som[...] rait dû répondre à l'intention qui a donné naissance à la so[...]tion. Nous n'approuvons pas ces observations : ceux qui on[...] cet emploi savent mieux apparemment que les bénéficiair[...] souscription ce qui convient à ceux-ci.

PA[...]

Publications de L'ILLUSTRATION.

COLLECTION DE L'ILLUSTRATION, 24 v[...] — [...]
la reliure à ajouter au prix du volume, 5 fr. par volume.

TABLEAU HISTORIQUE, POLITIQUE ET [...]TORESQUE DE LA TURQUIE ET DE LA RUSSIE, 1 vo[...] mat de *l'Illustration*, avec plus de 200 gravures;
PAR MM. JOUBERT ET FELIX MORNAND.
Prix : 7 fr. 50 c. broché. — Belle reliure anglaise : 10

TABLEAU DE PARIS. Ouvrage illustré de plus d[...] gravures sur toutes les curios[...]risiennes
PAR EDMOND TEXIER.
2 vol. de 400 pages, format de *l'Illustration*.
Prix : 30 fr les deux vol. brochés. — Belle reliure anglaise

COURS D'ÉTUDES COMPLET ET GRADUÉ

F.-D. FROMENT-MEURICE

PHILIPPE BURTY

F.-D. FROMENT-MEURICE

ARGENTIER DE LA VILLE

1802-1855

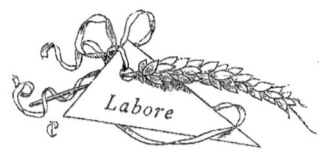

PARIS
D. JOUAUST IMPRIMEUR
M DCCC LXXXIII

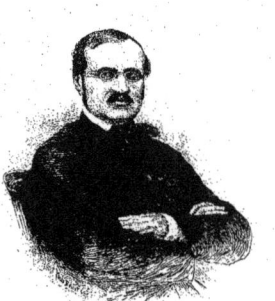

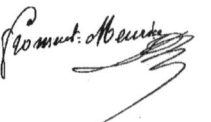

F.-D. FROMENT-MEURICE

ARGENTIER DE LA VILLE DE PARIS

1802-1855

C'est en recueillant des notes, au courant des lectures, sur l'ensemble et le détail du mouvement littéraire et artistique compris sous la dénomination générale de Romantisme que m'est apparue la figure de Froment-Meurice, l'orfèvre par excellence de cette curieuse et brillante période. Elle me parut tenir sa place avec autant d'originalité que de raison dans ces groupes de peintres et de sculpteurs, de poètes, de musiciens, d'historiens, d'acteurs, qui ont marqué d'un cachet énergique le second tiers de notre grand XIXe siècle.

Je m'y arrêtai. Mais je n'aurais pu tracer qu'un croquis, et non détacher un ensemble, sans la piété filiale et sans l'obligeance de sa famille. Là seulement je pouvais chercher et j'ai trouvé les matériaux essentiels de cette étude : des pièces de bijouterie, de joaillerie, d'orfèvrerie, amoureusement conservées par des amateurs délicats, les dossiers à consulter à propos des récompenses obtenues dans les grandes expositions, et aussi quelques traits intimes. Si j'arrive à intéresser mon lecteur par le récit détaillé d'une vie vouée au double labeur de la conception et de la réalisation à la fois artistiques et industrielles, qu'il sache que là surtout j'aurai puisé.

Un spécialiste n'eût peut-être pas rattaché Froment-Meurice au mouvement aussi étroitement que je l'ai tenté, et par cela il l'eût fait moins bien comprendre. Ses contemporains le proclamaient « le Cellini » de leur temps. Les mots seuls ont changé. On le regardera toujours comme l'orfèvre par excellence qui, tenant boutique, prend part aux travaux de ses aides et reçoit visite de la plus noble et la plus intelligente clientèle de son pays et de l'étranger. Ses surtouts de table, ses bijoux, ses boucliers des Courses, ses statuettes polychromes ont étincelé dans une atmosphère spéciale, qui n'est plus la nôtre, mais que nous pouvons reconstituer avec nos procédés d'investigation rétrospective. La mobilité des modes veut que les générations se transmettent à peine ce qui est d'usage courant. Mais parmi les œuvres de Froment-Meurice, plus d'une est assurée de prendre place dans les Musées, ce qui, pour ceux qui manient le pinceau, le ciseau ou l'échoppe, est la forme moderne de l'apothéose. Il entrera dans la salle des coloristes.

Le Romantisme n'a point été un mouvement superficiel. Il plongeait ses racines dans le cœur même de la bourgeoisie française. La société qui, ayant labouré le vieux sol, s'épanouissait et savourait la fortune, avait à satisfaire des ambitions, des passions, des plaisirs nouveaux.

S'il ne se propagea guère au delà du régime politique qui l'avait vu fleurir, il a vécu assez pour modifier profondément l'ancienne doctrine académique et agrandir les horizons de l'art. Il a dénoué les formules.

Aujourd'hui, le recul est déjà assez considérable pour que le critique puisse embrasser dans sa masse le groupe des intelligences ardentes qui, avec une expansion plus ou moins fébrile et des moyens plus ou moins persuasifs, eurent pour but commun d'émanciper l'art et la littérature, le théâtre et la musique, de rompre avec la convention officielle, de puiser aux sources de l'histoire nationale, de réhabiliter la couleur et le mouvement. Pendant la lutte, on a pu accumuler les épithètes violentes contre ces jeunes hommes qui agitaient des drapeaux insurrectionnels, décrétaient la mise en accusation de réputations correctes. Les généraux sont morts un à un. La nouvelle armée, qui se recrute sans cesse dans ce que notre chère France produit de plus vivace, interroge les toiles d'Eugène Delacroix et de Théodore Rousseau, les marbres de David et de Rude, les bronzes de Barye, les symphonies de Berlioz, les cathédrales restaurées par Lassus et ses élèves, avec l'attention qu'apportent les jeunes officiers à la retraite des Dix Mille ou aux plans de campagne de Jomini. Une génération demande des tableaux, des statues, des bijoux, des livres, des robes, des discours autres que ceux qui firent l'orgueil et le bonheur de la génération d'avant. Les revues d'art, les riches amateurs, le peuple qui emplit les musées et les salles de concert, ont leur opinion désormais formée sur les qualités, les intentions, les coups de génie, les fatigues de maîtres longtemps niés par suite de notre tendance singulière à attaquer avec une âpreté décourageante quiconque prononce une parole inconnue. Il n'est point indifférent de rechercher quel fut le rôle de chacun dans cette mêlée. Par un retour très juste, et que pressentait le poète quand il burinait ces beaux vers :

> *Tous les penseurs, sans chercher*
> *Qui finit ou qui commence,*
> *Sculptent le même rocher...,*

par un retour très juste, la critique actuelle a replacé à leur rang ces maîtres du métal précieux et de la pierre rare, ces artistes du ciselet et de l'émail que les siècles d'avant avaient prisés si haut. Elle ne mesure ni l'estime à leur conception première, ni l'admiration à l'adresse de leur outil. Du charmant au beau, nuances ! La chimère, dans la boutique d'un orfèvre, arrête aussi longtemps qu'un fronton dans l'azur ou qu'un buste sous un péristyle.

Le bijou ciselé ou émaillé, la perle baroque, les pierres de couleur, l'orfèvrerie à figures détachées et à hauts reliefs, qui avaient été la passion des Français dès que les invasions des Barbares avaient cessé de rouler leurs flots lourds, occupèrent beaucoup les esprits des artistes et des gens du monde aux alentours de 1830. La doctrine de la copie littérale n'avait pas envahi le haut enseignement et le haut commerce. Cependant une fièvre sévissait : le nom de Benvenuto Cellini, ses *Mémoires* bâtailleurs et vantards, les chefs-d'œuvre qu'on lui attribuait sans critique, hantaient les imaginations, et, sans exiger qu'on le copiât strictement, alors qu'on confondait facilement la Renaissance italienne avec le Moyen-Age français ou allemand, on y renvoyait comme à un enseignement suprême.

La plus haute noblesse de France figurait sous des costumes Renaissance, dessinés par M. Eugène Lami, dans le fameux « quadrille de Marie Stuart », au bal historique donné par la duchesse de Berri.

Dix ans plus tard, dans un bal costumé non moins célèbre, qu'offrit le duc d'Orléans, le sculpteur Antonin Moine fit son entrée habillé en Cellini et tenant à la main une coupe ciselée. Il fut fort entouré.

Les femmes portaient de préférence des bijoux voyants.

Théophile Gautier, type accompli du critique romantique, va à l'Opéra, — ses *Nouvelles* nous le disent, — et regarde « les petites mains gantées de blanc et agitant des cassolettes émaillées, qui se posent avec coquetterie sur le rebord rouge des loges ». Une de ses Madeleines, pour dissimuler sur son cou je ne sais quelles traces de rougeurs, se promet de mettre « son collier de topazes; les anneaux sont larges et la monture est serrée. On n'y verra que du feu ! » Il voit entrer une dame dans un salon : il note que « une chaîne d'or pareille à un ordre de chevalerie chatoyait sur sa poitrine ».

Le plus lointain de mes ravissements d'enfant, c'est le scintillement opulent d'une chaîne d'or ancienne que ma mère, — elle m'apparut rayonnante comme les fées dont la baguette berçait mes couchers! — passa un dimanche par-dessus un corsage de velours noir.

Rien de plus typique que les titres dessinés et gravés à la pointe par Célestin Nanteuil pour les beaux in-octavo qu'éditait Renduel, lesquels, après avoir rôti, moisi ou transi dans les boîtes des étalagistes des quais, atteignent, à l'hôtel Drouot, le prix des Elzévirs ou des Étiennes. Les jeunes femmes à longue taille, qui s'accoudent au cartouche où se lit le titre, sont chargées de joyaux; une ferronnière maintient les bandeaux plats encadrant leur front; une chaîne passe sur les épaules qu'il était de mode d'avoir tombantes; une châtelaine épouse la courbe des hanches; des boucles pendent au lobe des oreilles. Elles tiennent négligemment un miroir, ou, si elles sont des héroïnes de la Fronde, une cravache à pomme incrustée de cabochons.

Presque telles, c'est-à-dire avec la réserve de la modestie, Achille Devéria nous montre les princesses, filles du roi Louis-Philippe, dans les élégantes lithographies qu'il traçait directement sur la pierre, et que Motte n'imprimait qu'à quelques épreuves pour la famille royale et pour la collection du maître.

Telles encore Gavarni et Balzac nous ont décrit les parures des élégantes, des « lionnes », car le goût des bijoux d'élite persista dans la société française jusqu'à l'avènement du second empire. Ce goût ne succomba que sous la mode, plus épaisse assurément, des diamants de prix. Les boucles de ceinture qui affirmaient la finesse de la taille, les hauts peignes ont aussi disparu, — jusqu'au jour où ils reparaîtront et charmeront à nouveau.

Au milieu de quels concurrents Froment-Meurice vint-il se manifester, cherchant une poétique nouvelle, groupant des collaborateurs qu'il sut intéresser à ses projets, apprenant son nom au public par des récompenses brillamment conquises dans les expositions? Nous ne citerons de ses précurseurs que Fauconnier, mort à la peine, et Wagner[1]. Nous n'aurions, pour répondre plus longuement, qu'à interroger les études publiées par M. Paul Mantz, dans la *Gazette des Beaux-Arts*. Ce critique éminent, — et vraiment trop modeste, puisqu'il ne consent pas à réunir en volumes ses utiles travaux, — a donné à ce recueil une série d'articles intitulés : *Recherches sur l'histoire de l'Orfèvrerie française*. Dans un dixième morceau (livraison du 1er mai 1863), il conduit ses lecteurs à travers « la période moderne[2] ». On sait de reste quel souci des informations préside à ces travaux qui, nourris de faits, s'analysent difficilement, et dont la reproduction *in extenso* était difficile. La *Gazette des Beaux-Arts* est dans la bibliothèque de tous les amateurs soucieux de l'histoire des arts et de la curiosité racontée par des écrivains érudits ou brillants. Nous y renvoyons.

Un document original va parler pour nous.

Le document que nous donnons fait connaître du même coup que Froment-Meurice ne négligeait pas l'occasion de s'instruire sur les pièces et qu'il était, à l'égard de ses émules, un homme plein de réserve et de cœur. Les recherches sur l'historique de l'argenterie française, aujourd'hui encore, sont peu avancées. Nous attendons tous la publication des notes recueillies et classées avec tant de méthode, de sagacité, de continuité par le baron Jérôme Pichon. Froment-Meurice en savait

---

1. Jules Janin, dans le feuilleton nécrologique plein d'émotion qu'il consacra dans les *Débats* à Froment-Meurice (25 février 1855), donne ces curieux détails sur la fin de Wagner : « ... Il est mort aussi, Wagner, et presque aussi malheureusement que son élève Froment-Meurice. Wagner, quand il se vit assez riche et assez célèbre pour ne plus rien désirer du côté de la renommée et de la fortune, achète un château dans un bel endroit qui lui plaît; la maison était vieille, il la fait réparer. A peine achevée, il s'en va pour visiter sa terre, et dans le parc même, le jour où il sortait un fusil à la main, son fusil part et le tue!... »
Wagner, dès 1830, avait résolument abordé le style de la Renaissance française.

2. A l'appui de ses analyses de l'œuvre de Froment-Meurice, M. Paul Mantz donne des dessins d'une *canne en fer ciselé*, d'un *bouclier en argent ciselé* et d'un *encrier exécuté pour Pie IX*, desquels il sera parlé plus loin.

assurément plus long que n'importe lequel des critiques de son temps. Ses jugements sur des styles dont nous achevons à peine la réhabilitation bien que nés des moelles du génie français, ne sont point sans piquant, à cette date et formulés par un homme du métier.

Le manuscrit que nous transcrivons portait sur la couverture :

Ces Notes de l'Orfèvrerie, envoyées à M. le duc de Luynes le 22 juillet 1852, furent écrites à l'occasion du Rapport que ce savant et généreux amateur avait à rédiger sur les Métaux à l'Exposition universelle de 1851 [1].

Voici ces renseignements dans toute leur saveur d'improvisation :

Séparer la profession d'orfèvre de celle de bijoutier et la profession de bijoutier de celle de joaillier, m'a toujours paru marcher à contre-sens, et je vous demande la permission, Monsieur le Duc, de placer ces notes au point de vue de la réunion des trois métiers en un seul, l'Orfèvrerie, qui contient, suivant moi, tout ce qui se rattache à la fabrication des métaux précieux, or et argent, au montage des pierres, aux ciselures, aux émaillages, comme cela était, en un mot, au temps des grands orfèvres passés. Ce qui n'empêchera pas tout à l'heure les notes concernant les industries exclusives de se produire ; mais peut-être dès le début, en groupant ces trois industries en une seule, me trouverai-je plus à l'aise pour en suivre les différentes phases pendant les cinquante années qui viennent de s'écouler.

Des renseignements que j'ai recueillis, il résulte que l'Orfèvrerie, si brillante encore du temps de Louis XV, commençait à dégénérer sous Louis XVI.

Ce n'étaient plus, ni dans les formes, ni dans les ajustements, ces motifs gracieux, peu classiques, c'est vrai, mais charmants cependant et qui d'ailleurs meublaient si bien une table.

Ce n'étaient plus ces plats à bords dentelés et contournés, ces soupières ventrues et à godrons, ces sculptures à grands motifs en relief, qui les couronnaient, ces feuillages s'enroulant les uns dans les autres, déroutant tout style et toute sagesse, c'est vrai, mais si élégants, si fins, malgré l'excès de leur opulence, qu'on oubliait facilement le manque de style pour ne songer qu'à la grâce et à la coquetterie qui étaient en eux. Un des plus gracieux et des plus complets types de cette école, c'est le service dit « du duc de Penthièvre » ; ce service est aujourd'hui à Clare-

---

[1]. Nous donnons plus loin quelques passages de ce Rapport.

mont, je crois. Au surplus, les porcelaines du vieux Sèvres, du vieux Saxe, en donnent une idée à peu près exacte.

Dans les bijoux, ce n'étaient plus non plus ces colifichets charmants du temps de Louis XV, ces petits médaillons émaillés de mille folies, et qui, généralement exécutés en or fin repoussé, pesaient peu, avaient ainsi la légèreté matérielle nécessaire à un bijou et brillaient cependant beaucoup par leurs reliefs de ciselure, leurs pierreries, leurs émaux.

Les châtelaines, les montres, pour ne pas être d'ordre classique, n'en étaient pas moins de ravissantes choses.

Je dis donc que, sous Louis XVI, l'école qui s'était formée sous son grand-père, en déclinant tous les jours, s'était déjà fondue dans le genre *rocaille* proprement dit, c'est-à-dire dans l'excès du genre Louis XV. Alors il n'y avait plus de formes, mais des tas d'ornements rocailleux ; il n'y avait plus de feuillages, on les avait remplacés par des coquillages imaginaires, qui se roulaient et se déroulaient sans fin, sans raison d'être, qui ne commençaient ni ne finissaient. C'était comme le paraphe d'un maître d'écriture.

Au surplus, ces excès ne durèrent pas longtemps, et voici le Louis XVI pur qui apparaît. C'est maintenant la ligne, si longtemps négligée, qui prend le dessus. Ce sont les formes les plus rigides de l'architecture qui sont adaptées aux bijoux et aux orfèvreries.

Tout cela est droit et raide, et l'on ne se permet plus qu'un seul émail, *le bleu* en plein. Parfois sur une bonbonnière, on émaillera couleur acier, couleur violette ou opale. Mais ce sont de grandes exceptions ; c'est le bleu de roi qui domine ; ce sont les entourages de perles fines ou de diamants, sans ornements.

On conserve cependant les ors de couleurs de Louis XV, et les bordures de bijoux, comme celle d'un cadre de miniature, une petite ligne bien nette, bien disciplinée, de petits ornements grêles en or, de deux ou au plus de trois couleurs.

Mon Dieu, je sais bien qu'il existe de fort remarquables bijouteries Louis XVI ; mais pour une belle bonbonnière, pour un bel étui, pour un beau collier, quelle quantité de sécheresses, et combien peu devaient plaire aux femmes ces souvenirs entourés de petites pierres fines et joints par des jaserons, ces plaques et médaillons carrés qu'on pendait au col, ces boucles d'oreilles à camées ! Tout cela est presque incolore, généralement en or allié.

En orfèvrerie et en bronze, la transformation du Louis XV en Louis XVI n'a pas produit d'aussi mauvais fruits.

Gouttière a fait de fort beaux bronzes qu'on pourrait appeler du Louis XV classique. Ce sont des lignes assez pures et revêtues d'ornements un peu secs, mais fins et élégants. A l'heure qu'il est, les bronzes de Gouttière s'achètent au même même prix que les porcelaines du vieux sèvres ; c'est presque au poids de l'or [1].

---

1. Qu'aurait dit Froment-Meurice après la vente des collections du Hamilton-Palace ? Tels sont les déplacements de la mode et ses réhabilitations tardives.

Les orfèvres du commencement de Louis XVI suivirent du mieux qu'ils purent les traces de Gouttière, et le peu qui reste de leurs œuvres est composé dans le sentiment du maître qui avait fait école. Nous touchons à M. Auguste, le véritable orfèvre de Louis XVI, et celui dont les œuvres caractérisent le mieux cette époque.

Aux contours des plats avaient succédé les filets, aux formes ventrues et bosselées, les formes unies et pures, aux sculptures robustes et opulentes de Louis XV, des sculptures sèches et quelque peu raides.

Le repoussé était abandonné ou à peu près et remplacé par la fonte ciselée montée. C'est le moment de la monture à froid..... oh! oui, bien froid, car ça m'a toujours fait l'effet d'un bas-relief dont les figures en marbre seraient collées sur un autre marbre bien propre, bien plat, bien poli.

Quoi qu'il en soit, j'ai vu quelques-unes des orfèvreries de M. Auguste. J'ai vu surtout deux fontaines à thé ou à café, deux très grandes pièces qui avaient survécu à la Révolution, et je déclare que ce sont là, suivant moi, de fort beaux ouvrages, dont on peut n'aimer ni le style ni le goût, mais qui se distinguent par d'éminentes qualités de composition et de ciselure.

Après 89, pendant dix ou douze ans, il ne sera plus question ni d'orfèvrerie, ni de bijouterie, ni de joaillerie.

Au commencement du siècle, nous les voyons reparaître.

Le premier nom qui se présente est encore celui de M. Auguste, avant la Révolution orfèvre de Louis XVI et devenu orfèvre du premier consul et de l'empereur, aussitôt qu'il put être question d'art et de luxe.

C'était là, dit-on, un orfèvre d'énergie et de grande valeur. M. Auguste était établi place du Carrousel, en face des Tuileries; la maison qu'il occupait vient d'être abattue tout récemment.

Orfèvre très riche et très opulent sous Louis XVI, il fut, comme les autres, rudement frappé par la Révolution; mais il se releva bientôt, et nous le trouvons, au commencement de ce siècle, avec une très grande fabrique, très bien montée, très complète, de cinquante à soixante ouvriers au moins, et fabriquant les orfèvreries avec une perfection très remarquée : perfection de travail qui ne s'est plus retrouvée plus tard que chez M. Biennais et M. Lebrun.

J'ai dit perfection de travail, soin, poli, bruni, excellente exécution. Je ne juge pas le style, je l'analyse, et le voici :

Style dit grec ou romain, ornements secs et corrects comme une molette.

Moulures à froid : ornements appliqués, alignés; influence directe de l'école David, et prémisses de l'école Percier et Fontaine.

Je connais peu d'orfèvrerie restante de M. Auguste, mais nous allons tout à l'heure trouver des similaires qui nous fixeront absolument [1].

---

[1]. A l'exposition rétrospective, organisée en 1882 par l'*Union centrale des Arts décoratifs*, au Palais des Champs-Élysées, figuraient, parmi les « objets appartenant au service du Mobilier national », « neuf pièces du surtout en vermeil offert par la ville de Paris à l'empereur Napoléon, à l'occasion de son couronnement. Ce surtout a été exécuté sur les dessins de Percier : il est signé *Henri Auguste*. » (Voir la notice de catalogue de MM. Williamson et Champeaux.)

Un très grand service d'orfèvrerie fut commandé par le premier consul ou l'empereur à M. Auguste. Mais la présentation du récépissé d'un à-compte considérable sur des pièces commandées par Louis XVI entraîna, dit-on, la déconfiture totale de cet orfèvre, dont, le jour même où sa faillite était déclarée, le fils était couronné premier grand prix de sculpture à l'Institut.

Les modèles furent vendus à la criée ; tous les orfèvres se les partagèrent, et j'aurai l'honneur, Monsieur le Duc, de vous en montrer un assez bon nombre à la première occasion.

Avant la Révolution et après encore, Mme Ve Odiot était établie marchande au coin de la rue de l'Échelle et de la rue Saint-Honoré : elle ne fabriquait pas, mais elle se fournissait chez MM. Giroux et Boulanger, très bons orfèvres du second rang, qui demeuraient dans le quartier du Palais de Justice.

Vers 1800, trois ans plus tôt, elle quitta sa maison de détail, et son fils, déjà d'un âge mûr, s'établit orfèvre fabricant, butte des Moulins. M. Odiot, dont il est ici question, est le père de M. Odiot de la rue Basse-du-Rempart ; il est mort en 1850, à quatre-vingt-dix ans. C'est le maître d'apprentissage de Durand, et tous les orfèvres ont travaillé chez lui.

M. Auguste s'étant donc effacé, M. Odiot le remplace et, disons-le tout de suite, donne à l'orfèvrerie une vaste et grande impulsion.

Toutes les orfèvreries avaient été fondues. Une nouvelle cour se formait. Napoléon poussait au luxe, et les premières années du siècle furent d'excellentes années pour les orfèvres, les joailliers et les bijoutiers.

M. Odiot n'était personnellement ni dessinateur, ni sculpteur ; mais il avait le goût très distingué ; il tenait maison, et sa société se composait surtout d'artistes, des conseils desquels il profitait, et cela si bien qu'il accomplit de très grandes œuvres, de plus grandes œuvres qu'aucun des autres orfèvres de son temps, et que, si on peut ne pas goûter la mode et le goût du temps, tout le monde est d'accord pour rendre justice aux efforts inouïs tentés par M. Odiot pour la parfaite exécution de son travail.

Nous citerons :

Les pièces dont les échantillons sont au Luxembourg [1], les soupières, la toilette de Joséphine, celle de Marie-Louise.

Ses collaborateurs étaient : MM. Percier et Fontaine, M. Prud'hon, M. Thouin

---

[1]. En 1835, M. Odiot père adressa au grand référendaire de la chambre des Pairs la lettre suivante, qui fut communiquée à tous les journaux :

« Monsieur,

« Je suis décidé à donner de mon vivant et de suite, au musée des arts modernes du Luxembourg, trente pièces en bronze exécutées de la même manière que je fabriquais mon orfèvrerie, et qui m'ont valu la médaille d'or à toutes les expositions qui ont eu lieu depuis leur création, sous le consulat, jusqu'au 15 août 1827, époque où j'ai cessé de fabriquer, et un vase d'argent qui démontre l'effet que produisent les ornements adaptés avec des vis non apparentes sur un fond bruni.

« Pour ces divers ouvrages, j'ai été secondé, pour les dessins, par MM. Prudhon, Moreau, père, et l'on trouverait chez les neveux de celui-ci, fabricants de bronzes, rue de la Chaussée-d'Antin, les dessins, les maquettes des principaux ouvrages qu'ils ont faits en commun.

Suivant moi, le principal ouvrage de M. Odiot père consiste dans la toilette que la Ville offrit à Marie-Louise pour son mariage avec Napoléon [1].

Cette toilette se composait d'une table, d'un miroir, d'un fauteuil, de deux candélabres, de deux coffrets et d'une aiguière.

J'ai su à Paris, l'an dernier, qu'elle a été fondue en 1832, à l'époque du choléra, pour venir au secours des veuves et des orphelins.

L'empereur voulait du luxe et imposait l'obligation d'avoir de l'argenterie. Point de repoussé. Point d'estampage.

A l'époque de la campagne d'Égypte ou d'Italie, M. Biennais, tabletier, au Singe violet, rue Saint-Honoré, là où est la fabrique de chocolat de M. Devinck, avait fait crédit à beaucoup d'officiers d'un nécessaire de voyage.

Au retour, cette marque de confiance porta profit, et M. Biennais fut bientôt en possession de la confiance de la maison impériale.

M. Biennais était complètement étranger à l'orfèvrerie : les pièces mêmes d'argenterie qu'il mettait dans les nécessaires qu'il vendait ne se fabriquaient pas chez lui, il était tabletier dans la plus simple et la plus véritable acception du mot.

En fort peu de temps, il se trouva à la tête de la plus importante maison d'orfèvrerie, de bijouterie, de joaillerie de cette époque, et l'on n'exagère pas en portant à six cents le nombre des ouvriers occupés par lui.

Devenu orfèvre de l'empereur et roi, il partagea avec M. Odiot père les commandes considérables qui abondaient de tous les côtés.

Cette surabondance extrême de commandes d'ouvrages d'or et d'argent était telle que les ateliers secondaires, appelés par ces deux grandes maisons à leur venir en aide, ne suffisaient pas à la besogne, et je me souviens d'avoir entendu mon père me raconter vingt fois : « C'était le bon temps, nous avions de M. Odiot, de « M. Biennais, autant et plus d'ouvrage que nous n'en pouvions faire ; et les « marchands du quai (le quai des Orfèvres) venaient nous apportant d'avance « leurs lingots et leur argent. »

M. Biennais n'avait pas négligé les nécessaires, il avait entrepris aussi les décorations [2].

Garneray et Cuviller; pour les modelages, par MM. les académiciens Chaudet, Dumont et Roguier, artistes de la plus grande distinction.

« Je donne aussi à la galerie du Luxembourg mon tableau représentant la *Barrière de Clichy*, par M. Horace Vernet, et un dessin encadré, lequel représente les différentes pièces qui ont été exécutées dans mon établissement.

« Oserai-je vous prier, Monsieur le Duc, de faire part de ma proposition à MM. les pairs de France, et d'obtenir leur acceptation ?

« J'ai l'honneur d'être, etc. « Odiot père. »

1. Il ne faut pas confondre ce don de la Ville avec celui que nous avons cité en note. Il fut envoyé en Autriche lors de la mort du duc de Reichstadt.

2. Nous possédons une épreuve de sa somptueuse adresse, sans signature, ni de dessinateur

De la cave au grenier, la maison de la rue Saint-Honoré était remplie d'ouvriers, et l'ordre le plus parfait régnait dans cette immense entreprise.

Genre de travail : c'est le même que M. Odiot.

Dessinateurs et sculpteurs : mêmes noms, même style.

C'est toujours le genre grêle des Percier, quelque chose de Prud'hon, et, quant à la sculpture, c'est l'école de l'empire dans ce que David a inspiré de plus sec et de plus raide.

Bien entendu qu'on trouve, à côté des défauts, d'excellentes qualités de pureté de formes, une grande correction, un dessin ferme et très arrêté.

Dire ce qu'a fait M. Odiot en orfèvrerie, c'est dire ce qu'a fait M. Biennais en orfèvrerie, également M. Thouin.

M. Turpin de Crissé possède quelques pièces de M. Biennais. Ces pièces, choisies par lui, ont le double mérite d'être un échantillon des meilleurs ouvrages de cet orfèvre et d'avoir été choisies par un homme de goût.

Des ouvrages de M. Biennais, celui qui s'est le plus gravé dans ma mémoire, c'est une copie d'un vase étrusque. Ce vase fut offert par souscription à l'empereur de Russie par la garde impériale russe, en 1814.

Sur les faces du vase sont des trophées d'armes, dans le goût des trophées du soubassement de la colonne Vendôme; seulement, ce sont, bien entendu, les habits et les armes françaises qui sont humiliés, et les aigles à deux têtes qui sont triomphantes.

Point de repoussé, mais quelques estampages.

Jusqu'en 1814-1815, nous restons dans l'art grec, dans le goût de Percier.

Aucun symptôme encore de l'art gothique, aucun de la Renaissance, aucun du genre anglais qui va tout à l'heure jouer un si grand rôle.

La présence des étrangers à Paris, des Anglais surtout, qui avaient apporté avec eux leur orfèvrerie, aussi le désir de changement s'en mêlant, tout cela contribua dès 1817 à bouleverser complètement l'orfèvrerie française pure et classique, et à lui substituer le rococo anglais, genre dégénéré du Louis XV, et qui règne encore aujourd'hui en souverain à Londres[1].

Ce fut M. Odiot fils, notre confrère actuel, qui, placé par son père comme sculpteur dans la maison de Garrard, à Londres, rapporta en France non seulement le

---

ni de graveur, de format in-octavo, tirée sur papier de Hollande. On y lit sur le bandeau d'une sorte d'édifice qui se déploie en largeur : ORFÈVRE DE S. M. L'EMPEREUR ET ROI; et sur la plinthe : BIENNAIS TIENT FABRIQUE D'ORFÈVRERIE ET DE BIJOUTERIE AINSI QUE TOUS LES ORDRES FRANÇAIS ET ÉTRANGERS. A PARIS, RUE SAINT-HONORÉ, Nº 283. AU SINGE VIOLET. Le dessin des objets groupés est très soigné, et permet de connaître la plupart des pièces, lesquelles probablement n'ont pas survécu.

1. Il était temps que Froment-Meurice, par l'originalité et par la poursuite de ses vues toutes françaises, rappelât sur notre orfèvrerie nationale l'attention des gens du monde qui s'égarait. En 1867, Théophile Gautier terminait un feuilleton par ces lignes caractéristiques : « ...Mais c'est plus au nom du peintre qu'à la valeur même du tableau que tiennent les amateurs! pour qui, en général, l'art n'est guère qu'un luxe comme les chevaux de race et l'argenterie anglaise. »

genre anglais, mais les procédés anglais; et bientôt d'autres maisons, à cette époque en second ordre, firent du genre anglais. M. Lebrun, M. Fauconnier lui-même, les plaqueurs (M. Gaudais en tête) imprimèrent aussi un vigoureux mouvement, et tout se transforma bientôt dans les professions industrielles en goût et en genre anglais.

A la Restauration, nous retrouvons encore en tête des orfèvres, M. Odiot et M. Biennais. Celui-ci cède son établissement à M. Cahier, qui devient l'orfèvre du roi et continue, rue Saint-Honoré, tout le même système de fabrication que son prédécesseur.

M. Cahier était établi depuis longtemps sur le quai des Orfèvres; il travaillait surtout pour les églises. Ses relations près de Louis XVIII lui firent désirer de devenir le premier orfèvre du temps; il acheta le fonds de M. Biennais et réunit les deux maisons en une.

M. Cahier continuait M. Biennais; M. Odiot faisait du genre anglais; M. Lebrun, ancien ouvrier de M. Odiot père, commençait à percer et faisait aussi du genre anglais; M. Fauconnier, ancien contremaître de M. Odiot père, copiait son ancien maître et faisait mieux que lui; et déjà, pour combattre le genre anglais, grâce à Mme la duchesse de Berri, grâce à Mlle de Fauveau, à Chenavart[1] surtout, on commençait, dans un métier ou dans un autre, à voir apparaître les premiers symptômes d'un goût nouveau, — des spécimens de l'art gothique, — des essais de Renaissance.

Les premières expositions de la Restauration montrèrent ces jalons d'une voie nouvelle où l'on allait entrer. En 1819 (peut-être à celle de 1824 ?) on voyait donc :

Une bouilloire à thé de Lebrun, en plein genre anglais, d'un goût qu'on peut critiquer, mais d'un achèvement de travail tel que personne n'avait poussé plus loin l'art du monteur, du polisseur, de l'acheveur.

On voyait, de Fauconnier, une délicieuse petite fontaine à thé, genre un peu grec; un huilier dans le même goût; et déjà, suivant moi, Fauconnier se plaçait nettement et carrément en tête des orfèvres; déjà Barye, son élève, son apprenti, faisait pressentir ce qu'il serait un jour. Les efforts que s'était imposés Fauconnier étaient inouïs.

M. Odiot fils n'exposait que des orfèvreries anglaises rocaille, et ce fameux service de l'empereur de Turquie, en feuillage de vigne.

M. Cahier présentait une grande fontaine, objet colossal, qu'il a gardée quinze ans sans la vendre, et qui assurément ne valait pas les orfèvreries de M. Biennais, son prédécesseur.

M. Odiot, M. Cahier, M. Fauconnier, M. Lebrun et M. Durand, voilà les orfèvres des premiers temps de la Restauration. Tous occupés, tous en voie de prospérité, tous faisaient à peu près la même orfèvrerie, le même genre.

J'en excepte Fauconnier qui, tant qu'il a pu, a résisté à l'invasion du genre

---

[1]. Il ne s'agit point, comme le nom le pourrait faire croire, de M. Chenavard, l'auteur des cartons décoratifs pour le Panthéon. Le nom de cet éminent penseur se termine d'ailleurs par un d.

anglais. C'est aussi chez lui qu'ont été tentés les premiers essais de Renaissance, dont un peu plus tard s'empara Wagner, et qu'il poussa si loin.

C'est chez Fauconnier que s'est fait le service du duc d'Angoulême.

A mesure que M. Odiot fils s'enfonce dans le genre anglais, Fauconnier proteste et produit de fort beaux ouvrages, aidé qu'il a été longtemps par les artistes dessinateurs de ce temps-là, en tête Chenavart, aidé de Barye et des meilleurs sculpteurs.

M. Cahier fait les ornements du sacre de Charles X. Ils sont à Notre-Dame. C'est toujours un peu sec et poncif. Il y a cependant de beaux émaux, exécutés à Sèvres.

M. Odiot fait dans le même temps la grande chaire de Saint-Vincent-de-Paul.

Il ne me paraît plus nécessaire, Monsieur le Duc, d'entrer à présent dans des détails aussi minutieux Nous voici arrivés à une époque où vos propres travaux, vos propres commandes, vos encouragements de toute sorte donnés à l'art et à l'industrie, vous ont initié de reste à tout ce qui s'est fait depuis 1834-1839, même avant, et jusqu'aujourd'hui.

Le vase ondine de Wagner, exécuté en repoussé, était pour vous.

Pour vous le vase de Vechte et les armes de Lepage.

Vous savez donc mieux que personne à quoi vous en tenir maintenant sur ce qui va se produire de nous autres. Permettez seulement que je vous dise quelques mots de l'épée du comte de Paris ; c'est l'œuvre de Morel, oui, mais *c'est l'œuvre aussi de Fossin*, qui en a dirigé l'exécution d'un bout à l'autre, je le sais. C'est la ciselure de Vechte, c'est la composition et la sculpture de Klagmann. Disons, c'est justice, la part que chacun a pu y prendre, mais n'effaçons pas, comme on a été peut-être trop porté à le faire, la part de celui qui, étant nominativement chargé de cette lourde affaire, l'a effectivement dirigée, conduite et amenée à bonne fin.

Il serait surabondant aussi de vous dire les travaux de la maison Morel et Duponchel ; vous avez encouragé leurs débuts, et ils exécutent encore pour vous en ce moment le plus considérable ouvrage d'orfèvrerie et de statuaire dont on ait la mémoire.

Vous savez, Monsieur le Duc, les immenses sacrifices que cette maison s'est imposés pour parvenir à produire de beaux ouvrages ; vous savez les bons résultats qu'ils ont obtenus et combien leur exposition de 1844 les plaçait, à si bon droit, à si juste titre, parmi les premiers.

Vous avez honoré cette maison : ne se sont-ils pas imposé d'immenses sacrifices et n'ont-ils pas, pour une large part aussi, contribué au progrès de notre industrie?

Vous savez également les travaux des frères Marrel, ceux de M. Rudolphi, ceux de M. Gueyton.

Vous savez ceux de M. Christophe, et l'énorme développement qu'il a donné à l'orfèvrerie de cuivre.

Vous avez vu à Londres les nouvelles ciselures de Vechte et les émaux de

Morel,..... deux transfuges qui nous reviendront un jour, je l'espère bien pour mon pays.

Que vous raconterais-je donc, Monsieur le Duc, que vous ne sachiez assurément beaucoup mieux que moi?

Vous avez au surplus des documents officiels dans les *Comptes rendus* des Expositions de 1839, 1844, 1849.

Peut-être serait-il bon d'avoir quelques notes sur les *non-exposants* actuellement en exercice.

Soit : alors c'est toujours Fossin, Bapst.

J'aurais bien intercalé cet autre côté de la question dans celui-ci, mais j'ai craint de pousser votre patience à bout.

J'ai bien certainement oublié beaucoup de choses qu'il eût été bon de dire, j'en ai dit dont on pourrait très bien se passer.

Soyez, comme toujours, indulgent et bon pour moi.

Ces notes furent évidemment déposées à la hâte sur des feuilles volantes. L'estime et la familiarité dominent chez les rapporteurs que Froment-Meurice aida plusieurs fois de ses renseignements pratiques et de ses vues intelligentes. On attachait alors dans l'industrie artistique, qui n'avait pas été gâtée, comme depuis, par la banalité du flot des récompenses, un grand intérêt à ces Rapports, « livres qui, ainsi qu'on le proclamait en 1844, devaient être le programme traditionnel et le véritable guide des fabricants ».

Né à Paris, le 31 décembre 1802, dans une fabrique d'orfèvrerie qui n'avait de plus ancienne qu'elle (1774) que celle d'Odiot le père, Froment eut des crayons, des burins, des échoppes pour joujoux.

A seize ans, il quitta l'atelier de son père, qui l'avait commencé, pour continuer ses années d'apprentissage de ciseleur chez M. Lenglet. Puis il reprit ses études de dessin et de sculpture dans la voie de l'école de Girodet. « Plus tard, lié d'intimité avec Fauconnier, a-t-il écrit, j'ai profité plus encore de l'exemple et des conseils de Wagner, à si bon droit placé *le premier dans son art.* »

Il avait été un fils tendre, il fit toujours une large part à la vie d'intérieur. En 1829, sa jeune femme le laissa veuf, presque au moment où il venait de la prendre, avec une fille qui fut l'objet de ses plus chères affections. La réunion des deux noms provient des deux mariages de sa mère : l'un avec un Froment, le second avec un Meurice. Il se remaria en 1836, et sa nouvelle femme, la vaillante compagne de sa vie laborieuse, lui donna une seconde fille, qui éclairait de son charme enfantin ses dernières années, puis un fils, M. Émile Froment-Meurice, lequel perpétue, avec un goût attentif, une loyauté avenante, les hautes traditions de cette maison. Une sœur aussi associa son dévouement à cette vie si pleine.

Ferdinand de Lasteyrie a raconté ses commencements de travail et de fortune dans un article nécrologique (le *Siècle*, 27 mars 1855).

Les temps qu'a traversés Froment-Meurice ont vu se presser des événements politiques bien graves et bien passionnants! Nul citoyen n'a pu y demeurer indifférent. Ils renversaient des édifices séculaires, ils jetaient des fondations nouvelles, ils brisaient des liens, exaltaient des espérances. Je ne sais rien des surprises ou des désenchantements de Froment-Meurice. Cette enquête est hors de mon sujet d'étude. Mais je sais que, élevé par une mère chrétienne, il ne renia jamais la protection dont avaient entouré ses débuts des membres du haut clergé, tels que l'abbé de Lecalpède et l'abbé Deguerry. En 1848, le fait de l'établissement d'une forme nouvelle de gouvernement atteignant momentanément l'orfèvrerie, l'abbé Deguerry l'aida à ne point fermer ses ateliers en lui commandant les grands reliquaires et l'ostensoir de l'église de la Madeleine.

Il se signala par son dévouement courageux lors du terrible choléra de 1832.

Au sac de l'évêché, en 1830, il avait failli être jeté par-dessus le parapet du quai, à un moment où la foule, dont on n'a pas nettement connu les desseins, refoulait la garde nationale. Malgré son influence dans son quartier, — celui de l'Hôtel-de-Ville, jusqu'à la proclamation de l'empire,— il ne posa jamais nulle part aucune candidature.

Il n'était point un sceptique, ayant gardé le souvenir respectueux des familles royales et princières. Son lot était le Travail, cette âpre inquiétude du parfait, qui absorbe les heures, crée les illusions tenaces, et qui trouve sa hautaine satisfaction, — en dehors des récompenses hasardeuses de la vie sociale, — dans les quotidiennes aventures des recherches du métier.

Quand je consultai son fils sur l'épreuve d'essai du portrait très ressemblant qui orne cette Étude [1], celui-ci m'écrivit tout aussitôt : « Ne vous semble-t-il pas qu'il a besoin d'être plus simple et plus tranquille ? » M. Félix Buhot n'avait certes pas cherché une physionomie de romantique chevelu dans la photographie pâlie que je lui avais confiée. Il n'eut pas de peine à ramener au vrai le visage et la pose de l'« argentier de la Ville », de ce chef d'atelier qui groupa les modeleurs et les ciseleurs les plus éminents, de ce travailleur robuste et réfléchi qui, le jour de sa mort prématurée, laissa une maison de premier ordre.

Le plus jeune des fils du roi Louis-Philippe, le duc de Montpensier, était celui qui avait présenté à ses frères l'orfèvre romantique, et le leur avait fait apprécier. Le comte de Rambuteau fut aussi, depuis les premières heures, un appui constant, un ami chaleureux. Il lui fit accorder le titre, tombé après lui en désuétude, « d'orfèvre-joaillier de la Ville de Paris ».

Des lettres conservées dans la famille montrent que la fine fleur des gens de talent et d'esprit d'alors, Jules Janin, Listz, les Roqueplan,

---

[1]. Outre l'épreuve photographique, presque tout à fait passée, que M. F. Buhot a si intelligemment interprétée et qui fournit le plus fidèle renseignement, la famille conserve un dessin de Dubufe fait à Londres en 1848; un masque moulé en plâtre quelques heures après la mort; un portrait à l'huile en pied, peint de souvenir plutôt qu'avec l'aide d'un dessin très ancien, par Louis Boulanger; enfin, un buste en marbre, sculpté par M. Oliva, de souvenir et d'après des documents qui ne garantissaient pas la ressemblance.

étaient pour Froment-Meurice plus que des clients. M. Victor Hugo a consacré son nom dans une pièce devenue classique.

Théophile Gautier écrivait, dans la *Presse,* au lendemain de la mort de Froment-Meurice :

> ... Vous trouverez son nom toutes les fois qu'il s'agit de luxe intelligent, d'art rare et délicat, dans les pages des poètes, des romanciers et des critiques. Si par hasard la fortune heurte le seuil d'un artiste qui n'a bu jusque-là que dans la coupe de l'idéal, il va commander tout de suite des seaux d'argent pour frapper le vin de Champagne à l'orfèvre habile, digne de comprendre ses fantaisies...

On nous a confié quelques billets d'Eugène Sue et de Balzac. Pour user du mot frappant et fort à la mode, ce sont là des « documents humains », trahissant cette soif de posséder l'objet qui prend à la gorge l'amateur sincère au jour même de la commande, et qui dégénère en rage ou en tristesse anxieuse quand l'objet n'est pas livré à l'heure promise.

Les relations avec Eugène Sue s'étaient nouées à propos de renseignements précis sur le choléra, que désirait celui-ci au moment où il échafaudait la carcasse de son *Juif errant*. On n'oublie pas quel usage magistral et pittoresque il en fit dans les premiers chapitres. Froment-Meurice s'était signalé pendant la sinistre épidémie de 1832 par son dévouement, et si bien qu'il avait été décoré.

Eugène Sue vint chaleureusement le remercier des notes remises, et devint son client. Dans la *Famille Jouffroy,* la description d'un atelier d'orfèvre procède évidemment de notes relevées sur nature.

Eugène Sue faisait usage en grand seigneur de l'ancienne société de sa fortune patrimoniale, décuplée par le produit de ses immenses succès. Les billets que nous transcrivons sont datés des Bordes, sa belle propriété dans le Loiret. Il fut un des promoteurs du luxe de l'argenterie dans la haute bourgeoisie, étant apparenté à la famille puissante des Caillard. Ce luxe, qu'il ne dissimulait point et qui cadrait peu avec les doctrines socialistes qu'il professait, lui attira de tous les camps d'amères attaques.

... Si je n'avais pas ici beaucoup à payer pour mes constructions, je vous enverrais de l'argent comptant, mais vous pouvez regarder mes billets comme tel.

Je n'aurai pas besoin de l'argenterie avant le 10, et à dater du 10, je vous écrirai le jour où vous aurez la bonté de la faire transporter aux voitures de mon beau-frère, M. Caillard.

Je vous remercie aussi pour les vases de cristal rouge. Je crois que cela fera mieux.

Je voudrais aussi que les petites coupes pour mettre les fleurs fussent de cristal rouge et les corbeilles de repoussé bien soudées au candélabre pour qu'elles ne vacillent pas. On enlèverait les coupes pour y mettre des fleurs.

Adieu, mon cher Benevenuto, je suis ivre de joie d'être au milieu des bois et de mes chiens, je chasse comme un Nemrod, et je m'éloigne de plus en plus de cette horrible vie de Paris.

Tout et bien à vous.

Rappelez-moi au bon souvenir de Madame Froment-Meurice.

EUGÈNE SUE.

Cher Benevenuto, ne me maudissez pas, c'est encore moi. Il faudrait que vous eussiez la complaisance de donner un mot au porteur qui irait chercher chez Richard quatre médailles à votre choix, à peu près du diamètre des têtes, parce que je m'en sers pour les parties saillantes, et je mettrai les médailles au milieu.

Mon porteur les porterait à Montbro, et je vous les renverrais afin que votre homme puisse les ruolzer. Si cela le gêne trop, renvoyez-moi toute cette chaudronnerie et Montbro se tirera d'affaire, car il crie comme un paon, « qu'il est en retard », etc., et je suis aux regrets de vous ennuyer de cela, vous qui avez mis tant de bonne et aimable obligeance.

A demain, je l'espère. Tout à vous,

EUGÈNE SUE.

J'attends toujours demain avec une impatience inouïe... Que vous seriez donc aimable d'en avoir pitié et de me dessiner tout...

Cher Benevenuto, ne me haïssez pas trop de tant d'importunités. Autre imagination..: ma table étant petite et ne servant que plat à plat, je suis obligé de mettre à chaque convive le menu du dîner; or, au lieu de le mettre sur une feuille de papier, ce qui est bête, je voudrais, dans le cas où les groupes d'enfants que je vous envoie, pourraient être fondus et ciselés sans beaucoup de frais, qu'ils servissent chacun de manche à un petit panneau de bois de rose, entouré d'une petite feuille de vigne courante à peu près ainsi[1] ; *elle s'ouvrirait par une petite charnière et servirait à maintenir une feuille de papier sur laquelle serait le menu, et dont je vous envoie la grandeur suffisante, ainsi que vous le voyez par les inscriptions culinaires qu'elle contient :*

> Filet de bœuf à la Godart,
> Suprême de volaille,
> Filets de sole à la Orly,
> Filets de canetons aux oranges,
> Épigrammes d'agneaux,
> Faisans truffés,
> Petits pois à l'anglaise,
> Écrevisses chaudes au couscoussou,
> Abricots à la Condé.

Si la fonte des petits groupes était trop coûteuse ou trop difficile, je me contenterais du petit enfant tout seul, et, au résumé, ce serait peut-être mieux et plus simple. En tout cas, je m'en rapporte à vous.

*A*RTISTIQUE SEIGNEURIE, *mille pardons de vous ennuyer de tant de détails, mais vous êtes parvenu à faire de ce petit service une chose d'art si complète, qu'il est impossible de laisser clocher un détail.*

Je préfère le bois de rose à l'ébène, parce que c'est plus gai pour un dîner et que l'argent va à merveille. Bien entendu que je ne suis pas assez féroce[2] *pour vous demander ce supplément avec le reste, surtout avec les groupes qui demanderaient du temps à évider, et tout bien considéré, et dans l'espoir d'avoir peut-être le tout ensemble, je me borne au petit enfant seul que je vous envoie et qui fera, vous le verrez, un manche fort élégant.*

Autre chose pendant que j'y pense :

Les branches des girandoles, telles qu'elles étaient, se trouvaient à une bonne et juste hauteur, à cause du bouquet qui, étant toujours assez monté et très épanoui, allait au moins jusqu'aux deux tiers d'une grande bougie; de sorte qu'après deux heures et demie de table, la mèche touchait presque aux fleurs.

Voici donc à peu près la hauteur pour votre gouverne[3]. *Autre chose!* — *que d'autres choses!* — *serait-il possible de ménager aux salières entre deux feuilles de vigne un ou deux petits trous pour y planter un ou deux cure-dents? C'est très vulgaire, mais très commode.*

---

1. Il ébauche à la plume l'ensemble qu'il désire.
2. Le mot est souligné.
3. Ici s'intercale, comme plus haut, un croquis d'Eugène Sue.

Pardon encore de l'ennui que je vous cause. A jeudi. Tout à vous. Je vous envoie groupe et enfant seul. Vous choisirez en dernier ressort.

E. S.

Je crains, Madame, que M. Froment-Meurice, à qui j'ai eu le plaisir d'écrire deux fois, ne soit pas à Paris, et je viens, en me rappelant à votre bien bon souvenir, vous prier d'avoir l'extrême obligeance de m'envoyer ici mes statuettes et figurines d'argent et d'ivoire, sans les adapter aux pieds dont M. Froment-Meurice avait bien voulu se charger. Je vous serais aussi très obligé de vouloir bien mettre ces objets dans une petite boîte, avec la recommandation de 500 francs (valeur fictive), et me les adresser aux Bordes par Beaugency (Loiret), par les messageries Laffitte et Caillard.

Mille pardons de mon indiscrétion, Madame, mais j'ai ici un très grand amateur qui part dans très peu de jours, et à qui je voudrais montrer ces petits chefs-d'œuvre. — Rappelez-moi, je vous prie, à M. Froment-Meurice, et agréez l'assurance de mon respectueux dévouement.

Eugène Sue.

Je viens encore vous ennuyer, cher Benevenuto. — Voici deux charmantes petites figures (à l'indécence[1] près, mais, ne recevant que des hommes ou des femmes garçons, ça m'est égal) qui seraient, je crois, de très jolies tiges de salières. — Dans mon petit service chaque personne a sa salière; or, ces objets, restant sur la table comme les girandoles et les rafraîchissoirs, seraient très complettans arrangés de la sorte. J'ai quatre salières pareilles. — Peuvent-elles servir en ajustant les petites figures au milieu sur une feuille de vigne, je suppose, ou bien faut-il prendre ces salières pour l'argent et en faire du cristal avec ma petite monture légère de cep de vigne ? Cher poète en action et en métaux, qu'en pensez-vous ? Si, lundi ou mercredi matin avant midi, vous passez dans mon quartier, vous m'en diriez votre avis. Je suis accablé de travail et n'ai pas un moment à moi.

Tout et bien à vous.

Eugène Sue.

Autre chose : j'ai le vice du grog, parfois du vin chaud : pourriez-vous me faire un pot d'argent qui contînt à peu près une bouteille au moins, ledit pot avec couvercle ou sans couvercle, comme vous le voudrez, et avec quelque figurine qui rappelle le service ?

Si vous pouviez m'envoyer un croquis et le devis de ce que cela pourra me coûter, vous seriez mille fois bon.

---

1. Les mots non en italiques sont, dans le texte, soulignés.

Mon cher Benevenuto, je vais vous demander quelque chose d'énorme. — Pourrais-je avoir lesdites merveilles du 10 au 12 mars au plus tard? Si cela se pouvait, j'en serais ravi, car je voudrais éblouir mes amis d'Angleterre qui arrivent à cette époque, c'est-à-dire sept ou huit jours plus tôt que je ne le pensais. — Je sais d'avance que si cela se peut, cela sera. — Sinon je me consolerai par l'impossibilité. — Ces diables de branches des candélabres me tourmentent, car je vois en rêve des branches pareilles aux délicieuses anses des rafraîchissoirs.

Enfin faites. Vous êtes un si grand magicien, que de ces monstres vous êtes capable de faire quelque chose de ravissant.

Mille compliments,
                                              EUGÈNE SUE.

Ne m'oubliez pas, je vous prie, auprès de Madame Froment-Meurice.

Combien je suis aux regrets, cher Benevenuto, de l'ennui que je vous ai causé, ignorant absolument le cruel chagrin qui vient de vous frapper! — Pardonnez-moi donc cette insistance qui a dû vous être pénible au milieu de si tristes préoccupations; mais, je vous le répète, j'ignorais absolument ce triste événement de famille. Vous savez combien je m'intéresse à ce qui vous touche, vous croirez donc à la sincérité de mes sentiments dans cette pénible circonstance. — Merci encore et mille fois merci de votre empressement que maintenant j'apprécie doublement. — Tout m'est arrivé ici dans le meilleur état possible, et j'ai été ébloui de l'effet du tout ainsi complété. Si vous n'étiez pas blasé sur les louanges, je vous dirais encore combien j'admire ce chef-d'œuvre de goût et d'art, et d'élégance, mais je me tais, et vous assure seulement que je verrai dans cette œuvre plus qu'une brillante œuvre d'art d'orfèvrerie, mais aussi une véritable œuvre d'amitié, car l'amitié a sa bonne part dans le soin, dans le fini précieux de toutes ces merveilles. — Merci donc encore et mille fois merci. Laurens vous portera cette lettre et se mettra tout à fait à vos ordres pour aller chercher la boîte de chagrin noir, et me faire parvenir les cuillers à potage, truelle, fourchettes, etc., qui sont restées soit chez vous, soit chez le gainier, et dont j'ai très grand besoin aussi. — Encore une fois, ne faites pas la moindre course pour cela; donnez vos ordres à Laurens, il est à Paris pour cela et pour vous éviter tout ennui à ce sujet.

Mais, très cher Benevenuto, je finis cette lettre comme tant d'autres; en grâce, ma note, ma note, ma note.
                                              EUGÈNE SUE.

Voici un dernier billet, qui prouve quelle attention le romancier apportait aux moindres détails de sa table luxueuse:

Voulez-vous me renvoyer par la même occasion mes Ivoires, *le bonhomme*

Jean Goujon, les petits enfants d'argent, etc., et une bouteille d'eau pour noircir l'argent vif?

Voici le tout, cher Benvenuto, j'irai vous remercier jeudi. Ne tenez-vous pas qu'il faudrait que les oiseaux du cep de la cloche fussent en argent noir, ainsi que l'écusson?

Ne pensez-vous pas aussi qu'il faudrait une feuille de plus aux porte-menus *pour joindre les figurines au cep de vigne? ce qui l'attache est un peu maigre* [1].

A bientôt, et pardonnez mes observations très humbles.

A vous, Eugène Sue.

Voici quelques billets de Balzac. Ils peignent l'homme au vif avec ses sursauts d'imagination et cette passion pour le bric-à-brac qu'il a si bien analysée dans les *Parents pauvres*. A chaque instant, dans sa *Correspondance*, il raconte « ses affaires dans le royaume de *Bricabraquie* ».

M. de Balzac prie M. Froment-Meurice de lui envoyer sa bague, sa coupe et la note de ce qu'il peut lui devoir, avec une bague à choisir du prix de 100 à 150 francs, tout ce qui sera le plus avantageux dans ce prix, ou une broche, si la broche était d'un plus grand effet.

Tous les matins, jusqu'à midi, 14, rue Fortunée.

Il lui fait ses compliments.

Dimanche, 3 septembre.

Mon cher ami Faber, je vous envoie l'inscription à mettre en relief sur le coffret, et que j'ai promise à votre metteur en œuvre. Vos deux bijoux sont des bijoux. C'est délicieux, et je voudrais avoir les deux vases. Qu'est-ce qu'un pied à faire?

Mille compliments.

de B.

Mon cher monsieur Meurice, je vous retourne votre dessin, vous pouvez vous mettre à l'œuvre aussitôt, car il a été trouvé très bien, ce à quoi vous êtes accoutumé; je ne veux pas perdre dix jours.

Mille compliments.

de B.

---

1. Ici, le croquis du manche du porte-menu commentant la recommandation.

Voici un passage d'une lettre à la princesse Hanska :

1ᵉʳ décembre 1845.

... J'ai retardé ma lettre à cause de la canne à Georges. Froment-Meurice me l'avait promise, et, comme c'est le capitaine de Tancrède qui devait s'en charger, je me disais : « Il remettra sûrement la canne et le paquet de lettres. » Mais ne voilà-t-il pas que ce cruel Froment n'a pas fini la canne ! Il a eu une table de 30,000 francs à faire pour Son Altesse Royale Mademoiselle, et ce matin je l'ai trouvé en extase devant son œuvre, qui est fort belle; mais, en revanche, pas du tout de canne !...

Les retards de l'orfèvre étaient vraisemblablement subordonnés à d'autres causes que la seule confection de la table pour la toilette de la duchesse de Parme. Il dut calmer son client par quelques raisons de métier.

A Madame Hanska, 16 décembre 1845.

... Je n'ai pas encore votre fantastique parure; mais je l'aurai bientôt. Froment-Meurice veut tellement se distinguer pour la canne de Georges, que je ne sais pas si pour le jour de l'an ce sera fini. C'est un bien grand artiste. Je vous assure qu'on est effrayé de ce qu'il y a de talent et de génie dans Paris [1]...

Cette pensée : ...« Paris consomme une quantité effrayante de talent et de génie », n'était point un compliment venu au bout de la plume à propos de notre école d'orfèvrerie. Dans une lettre attendrie, adressée à Wiesbaden, en août 1846, à M. Georges Mniszech, je rencontre cette singulière allusion aux beautés naturelles et à la forme que les artistes en dégagent :

... De même que certains escarbots sont bleus et travaillés comme des bijoux de Froment-Meurice, de même il y a des êtres qui ont de belles pensées, de

---

[1]. J'emprunte des extraits à la *Correspondance de Balzac*, publiée chez Michel Lévy en 1877, 2 volumes in-12, avec portrait et fac-similé. Mais la majeure partie de ces billets sont inédits.

beaux sentiments, qui sont droits, loyaux, nobles de cœur, dont l'âme a mille facettes délicates, et qui perpétuent ces qualités dans leur race...

―――――

Mon cher maître Aurifaber, je pars le 22 de ce mois. La malle a mon secret. Ainsi ne manquez pas : 1° canne; 2° dessins; 3° devise. Si vous m'apportiez cela un matin, j'aurais une coupe en cornaline à monter à vous remettre, de laquelle je voudrais causer avec vous à tête reposée.

Mille gracieusetés.

DE B.

―――――

Mon cher Aurifaber, je vous remercie de votre canne aux singes, qui est d'une perfection inouïe, et digne de vous.

Puis-je compter que, pendant mon absence, vous me monterez les agates, vous finirez mon lézard, et voulez-vous, puisque vous ne m'avez pas donné le support, en faire un second comme pendant? Si vous étiez aimable, je trouverais tout fini pour le 16 mai, jour de ma fête.

Trouvez ici mille affectueux compliments.

DE BALZAC.

Je souhaite que Madame Froment se rétablisse promptement.

Je vous envoie l'inscription à mettre en relief sur le coffret, et que j'ai promise à votre metteur en œuvre.

―――――

Strasbourg, le 11 août 1846.

J'ai oublié, mon cher monsieur Meurice, un renseignement important pour la toilette, et qui regarde l'ornement, c'est qu'on y désire par-dessus tout des coléoptères et des amours. Enfin, parmi les propriétés de la jeune comtesse [1], *elle possède un comté dont le nom veut dire* Champ d'hermines; *on y trouve depuis des temps immémoriaux ces pauvres bêtes, en sorte que vous avez là un motif pour des émaux avec l'hermine en nature.*

J'espère que cette lettre arrivera à temps pour ne rien vous faire refaire, et n'oubliez pas, surtout, le bracelet pompadour avec les chiffres et dates que je vous ai indiqués dans le bel autographe qui était dû à un homme de talent comme vous.

Mille compliments.

DE BALZAC.

N'oubliez pas de mettre la facture des bracelets, broches et boucles d'oreilles,

―――――

1. La fille de la princesse Hanska, dont le « Georges » ci-dessus était aussi le fils.

pour que ces dames puissent me charger du montant. Je ne serai pas plus tôt que le 22 à Bruxelles.

1848, Wierzchownia, près Berdischoff.

Mon cher monsieur Froment-Meurice, le jour de mon départ j'ai été si affairé que j'ai oublié de vous reparler de la coupe de cornaline que vous avez à monter depuis deux ans, et j'ai été très chagrin pour vous d'avoir à dire ici que cette chose était à faire, car vous perdez ainsi le commerce français, dont les inexactitudes sont l'antipode des mœurs de ce pays-ci, qui vit d'obéissance et d'exactitude : aussi les Français passent-ils, à juste titre, depuis février 1848, pour des fous ; je suis très humilié de voir les individus appuyer ces opinions-là ; mais vous pouvez réparer cette omission en mettant un peu de bonne volonté. Voici les détails de cette monture que je vous répète, car vous les avez bien certainement oubliés.

Je désire que la coupe soit soutenue, à ses deux extrémités, par deux figures, l'une représentant l'Espérance et l'autre la Foi. Vous trouverez des allégories dans le tombeau du duc de Bretagne ou dans quelques ouvrages de dessin. Au besoin, M. Laurent Jan vous en dessinerait (rue de Navarin, 12) pour moi, si vous l'en priez. L'Espérance doit tenir une page sur laquelle seront gravés, en émail bleu : Neufchâtel, 1833, et la Foi une autre page sur laquelle il n'y aura que le chiffre 1843. Dessous la coupe au milieu, il y aura un amour à genoux qui tiendra la coupe de ses deux mains. La terrasse sur laquelle le tout reposera représentera des cactus, des plantes épineuses et des ronces. Sur les champs de la terrasse disposée ainsi, et qui aura deux côtés, il faut des petits bas-reliefs représentant des arabesques ou des guirlandes de fleurs et de fruits. Le tout en vermeil.

Comme je vous donne cinq à six mois pour exécuter ce petit travail, vous pourrez m'en faire faire un croquis et le remettre à ma mère, qui me l'enverra.

Agréez mille compliments, en en offrant quelques-uns à Madame Froment.

DE BALZAC.

Le 15 octobre suivant, la coupe n'était point arrivée. Balzac en parle dans une de ses lettres-journal, à Mme Hanska, la princesse sa future femme, alors à Dresde :

... Je n'ai point reçu la coupe ; je ne sais pas si la poste se charge de ces sortes d'expéditions ; en tout cas, elle ne sera point perdue ; vous savez que j'en veux faire un souvenir symbolique ; elle sera soutenue par quatre figures : la Constance, le Travail, l'Amitié, la Victoire...

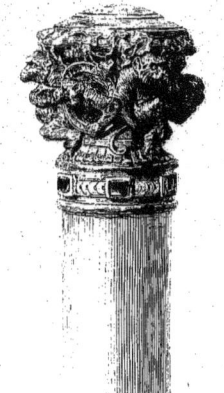

La Canne de Mr de Balzac.

La coupe arriva le lendemain :

... J'ai reçu la jolie coupe, et j'en veux faire une merveille !...

La « canne aux singes », modelée par Cavelier, et que le regretté Jules Jacquemart a reproduite, par amitié pour nous, dans ses meilleurs jours de coloriste, n'était point la fameuse canne avec laquelle Balzac faisait des promenades triomphales sur les boulevards et dans les foyers. Celle-là était un pavis de turquoises enchâssées dans de l'or, une canne de marchand de bœufs des *Mille et une Nuits*, portée par ce singulier génie pour éblouir les éditeurs. Un symbole de sa force physique, peut-être?

Le musée Dantan en publia la charge.

Mme Émile de Girardin, dans la nouvelle à laquelle elle donna ce titre : la *Canne de M. de Balzac* (1836, in-octavo, librairie de Dumont), en fait un talisman qui rendait invisible celui qui le porte dans sa main gauche.

... Sur le devant d'une loge d'avant-scène, se pavanait une CANNE. — Était-ce une canne? Quelle énorme canne! A quel géant appartient cette grosse canne?

Sans doute c'est la canne colossale d'une statue colossale de M. de Voltaire? Quel audacieux s'est arrogé le droit de la porter?

Tancrède (le héros de la nouvelle) prit sa lorgnette et se mit à étudier cette *canne monstre*, — cette expression est reçue. Nous avons eu les concerts monstres, les procès monstres, le budget monstre.

Tancrède aperçut alors au front de cette sorte de massue des turquoises, de l'or, des ciselures merveilleuses, et derrière tout cela, deux grands yeux noirs plus brillants que les pierreries....

Dans une *Histoire de l'Orfèvrerie française*, nous eussions insisté sur les précurseurs et les émules de Froment-Meurice. Dans l'industrie, dans l'art comme dans la science et dans la littérature, il n'est ni un homme ni une œuvre qui n'ait été précédé, aidé sciemment ou inconsciemment par une ébauche, un effort, une parole, un inconnu. Le présent ignore souvent ce que l'histoire découvre toujours à ce propos.

Mais cette Étude est strictement limitée à un orfèvre qui nous a paru avoir exprimé avec une intensité particulière l'esprit du mouvement romantique, à la façon de Delacroix dans la peinture, Préault dans la sculpture, Berlioz dans la musique, Célestin Nanteuil dans l'eau-forte, Théophile Gautier dans la critique, M. Victor Hugo dans la poésie, le drame, le roman. Nous ne pouvons élargir notre cadre, qui est à la taille d'un des colonels de cette campagne. La description que nous allons donner des pièces qui sortirent de ses ateliers de 1840 à 1855, nous fournira plus d'une occasion de réflexions générales ou de citations de contemporains. Son action sur la haute fabrication de son temps s'en déduira de soi.

En 1839, Froment-Meurice reçut une médaille d'argent à la suite de l'exposition des produits de l'Industrie française.

La fabrique de M. Froment-Meurice, anciennement à l'arcade Saint-Jean, lit-on dans le Rapport de M. Héricart de Thury, est une des plus anciennes de Paris, mais c'est à M. Froment-Meurice qu'elle doit son illustration et le haut rang qu'elle occupe par la disposition et le genre de travail qu'il a introduits dans la fabrication, au moyen de bons modèles et de ciseleurs de premier mérite. Ainsi, il a pris M. Richard pour fondeur et M. Vechte pour ciseleur, tout en faisant lui-même une partie de ses dessins et modèles. Les produits exposés sont remarquables par leur bon goût, leur fini et le gracieux des formes, la modération des prix; la même perfection se distingue dans la joaillerie.

Ces lignes s'appliquent à la section *Bijouterie, Joaillerie* (tome III, pages 45 et 46).

On lisait à propos de la section *Orfèvrerie d'argent* (pages 9 et 92) :

C'est un bon dessinateur et un habile fabricant : il cherche à réunir le dessin, la ciselure et le bon marché.

L'estampage, qui se retrouve toutes les fois qu'on veut de l'économie, ne se

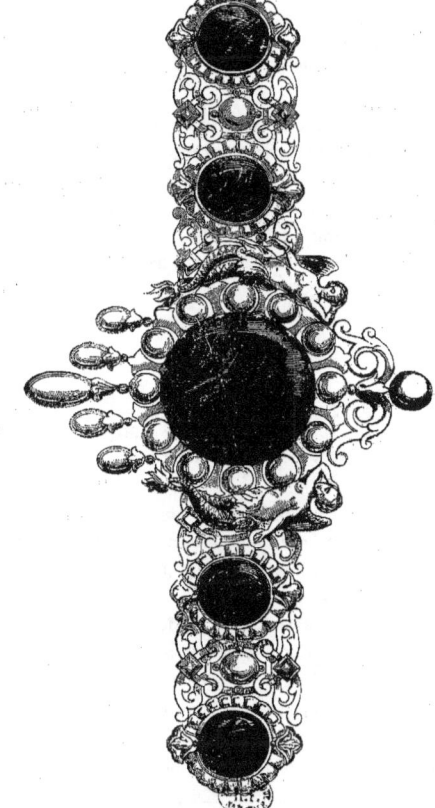

BRACELET GARNI D'ÉMERAUDES.
APPARTENANT A Mme ISAAC PEREIRE.

prête pas facilement à l'application de la ciselure, et M. Froment-Meurice paraît employer le moulage de préférence aux autres procédés économiques. Avec des modèles bien faits et des fondeurs habiles, il obtient des surmoulés parfaitement nets, sur lesquels la ciselure n'a plus rien à faire.

Nous ne connaissons pas « le service à thé, style du XVIe siècle, avec des dispositions qui rappellent le genre oriental », qui fut cité et qui, nous l'avouons, nous suscite certaines méfiances. Le mélange des styles, l'architecte Davioud nous en a donné dans le palais du Trocadéro un exemple topique. Il n'y a plus à y revenir, ni dans les commandes officielles, ni dans la haute industrie d'art.

Mais les détails de l'exécution étaient, paraît-il, d'un vif intérêt. On voit notre orfèvre essayant les moyens nouveaux fournis par la science.

L'anse d'ivoire est ingénieusement recouverte en métal, et la dorure par immersion (on en était aux premiers résultats de l'argenture par le procédé Ruolz), essayée sur le sucrier et le pot au lait, est peut-être la première expérience de ce genre qui ait réussi complètement sur des pièces de cette dimension.

Le rapporteur citait enfin, pour appuyer la médaille d'argent, « les plats fort simples, mais ajustés, avec des bords moulés; et un plateau pour dessert, obtenu par des procédés de moulage qui en rendent le prix très modique... »

Je n'ai eu sous les yeux, des produits de cette époque encore hésitante, qu'un *bracelet en or ciselé* (1839)[1]. Au centre, une pierre taillée, au cadre de laquelle s'adossent deux génies chevauchant des dauphins; le développement du bracelet se compose d'un motif d'enroulement six fois répété et pris dans un cadre de chaînons carrés où rient des visages bouffis de chérubins.

---

1. Ce beau bijou appartient à Mme Fouillant.

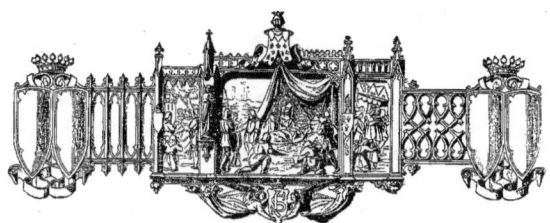

BRACELET DE STYLE ROMANTIQUE.
LA VIE ET LA MORT DE SAINT LOUIS.

De 1839 à 1844, date de l'Exposition où le jury accorda à Froment-Meurice une seconde fois la médaille d'argent sur le rapport très favorable de M. Denière, nos cartons de notes sont particulièrement chargés. La vie mondaine tient une large part dans les travaux de notre orfèvre.

Les lithographies de Gavarni et des Dévéria, les peintures des Johannot, les illustrations de Jehan Gigoux, nous montrent les « lions » ramenant leurs cheveux en toupet, encadrant leur visage dans des favoris plats, pincés dans des habits à taille et à hautes épaules, faisant bomber leur poitrine sous des gilets ouverts, et le col pris dans la mousseline ou la soie de cravates larges qui descendaient sur la chemise. L'épingle piquée sur cette cravate était le plus souvent une figurine, un groupe. Froment-Meurice en fournit de vraiment précieuses : un *Saint Michel* perçant Satan renversé ; la *Vérité* sur la margelle du puits ; une *Jeanne Darc* ; une *Vénus* désarmant son fils ; la *Esméralda*, le pouce sur la peau du tambourin, avec sa chèvre qui se cabre.

Tels étaient les motifs, le plus souvent littéraires et romantiques. Sur un bois du temps, représentant une de ces épingles, je distingue cependant cinq perles parmi des feuilles émaillées, qui figurent des têtes de pavots.

Un « lion » n'errait complet sur le boulevard des Italiens qu'avec une canne, et une « lionne » au Bois, qu'avec une cravache à tête ciselée. Nous avons vu plus haut les remerciements de Balzac à propos de la ronde de singes qu'avait modelée pour lui Louis Cavelier : « *Elle est d'une perfection inouïe et digne de vous!...* » Feuchères, habile et fin compositeur, avait aussi donné, en demi-relief, un *Camp du Drap d'or*, une *Chevauchée moyen âge*, un *Don Quichotte* escorté de Sancho. Dans mes souvenirs d'enfant, Roger de Beauvoir, notre voisin de campagne, à Santeny, rend des visites à mon père accompagné d'un jonc énorme qui se termine par un casque en acier à visière baissée.

On portait volontiers au petit doigt des bagues évidées dans un anneau de fer; et les *Naïades*, l'*Ange gardien,* de Pradier, firent fureur.

Ces têtes de canne, ces bagues, ont subi le sort des ferronnières et des châtelaines. Elles furent déshonorées par la pacotille, grossièrement surmoulées en fonte de fer.

La pierre enchâssée les a remplacées. Il faut le regretter. Elles exigeaient des artistes l'imagination, le goût, le rendu.

Le bijou ne comporte ni la banalité, ni l'imitation, ni le lâché. Il doit sortir d'un atelier d'élite, sous peine de faire passer celui qui s'en orne pour un enrichi d'hier ou pour un nouveau débarqué. On n'a point à prendre une loupe pour chercher l'adresse de l'orfèvre qui l'a vendu. Il porte sa signature dans son style, son effet, son relief, sa coloration, son rendu, comme une statue ou un bas-relief. Telles furent les pièces livrées par Froment-Meurice, et ces frêles figurines ont plus fait pour sa mémoire que ses grands et riches ouvrages d'orfèvrerie.

Les ferronnières, les broches, n'ont pas survécu. La mode des bandeaux aplatissant les cheveux et dessinant avec rigueur le bombé du front n'a pas repris. Le peigne orne la tête au second plan; encore aujourd'hui n'est-il conservé que pour les visages qui ont le style classique. Le coiffeur a vaincu l'orfèvre. Les broches aussi ont disparu de la toilette de ville. Elles ne se composent plus, dans les toilettes de gala, que de morceaux de diamant de plus ou moins grand prix. Nos mères ne dédaignaient pas le corsage à plis et les manches bouffantes. Cette toilette, plus étoffée que l'ajustage moderne, supportait mieux le motif ornemental de la broche qui, en outre, pouvait s'adapter à un développement de bracelet. Froment-Meurice dessina des broches dont les titres parlent : broche *François Ier*, broche *Médicis*, bracelet *Renaissance,* avec figurines et tresses à jour.

La veuve de l'artiste joaillier en a conservé une, l'*Harmonie,* dont quelques parties sont émaillées à la façon du XVIe siècle; l'Harmonie

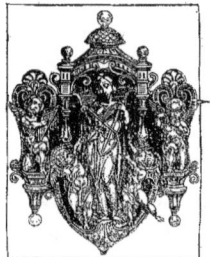

joue de la viole, entourée de génies qui la caressent, chantent ou dansent.

J'ai aussi sous les yeux un très élégant bracelet en or ciselé : deux figures ailées soutiennent un écusson timbré d'une couronne de marquise au centre d'un développement fait de feuillage et de fleurs.

Quelques lignes, transcrites dans un rapport de M. Denière (1847), vont donner le sens de l'attention que les hommes les plus sérieux accordaient aux efforts du bijoutier-orfèvre.

<small>Destiné dès l'enfance à succéder à son père dans un établissement dont la formation remonte à la fin du siècle dernier, M. Froment-Meurice suivit jeune ses leçons de dessin et de sculpture, et compléta ces travaux par un long apprentissage de ciselure. Wagner fut son modèle et son émule. Comme lui, il s'inspira des œuvres des XIVe, XVe et XVIe siècles, et, comme lui, il puisa des idées dans les riches et précieuses collections du musée Charles X, de la Bibliothèque royale, de M. du Sommerard, de M. de Bruges, etc., où le talent original et personnel de</small>

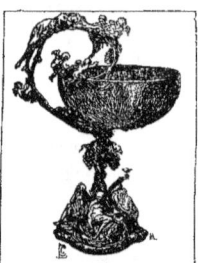

<small>l'artiste s'agrandit et se retrempa. Les styles Louis XIV et Louis XV, qui se prêtent si merveilleusement aux coquetteries et aux légères gracieusetés des bijoux, fixèrent ses soins et son attention dans la fabrication de la haute bijouterie. Depuis 1839, il a marché de progrès en progrès, secondé par nos premiers sculpteurs, ciseleurs et architectes, et tout en continuant à faire lui-même une partie de ses dessins et de ses modèles.</small>

Le rapporteur cite : « dans le style allemand » (ce qui n'était pas fort exact), la *Coupe des vendanges*. La monture était formée par un cep de vigne dont les feuilles étaient en or émaillé, et d'où pendaient des grappes aux grains en perles fines. Les figures qui se groupaient dans les nœuds avaient été ciselées par le célèbre Wechte, d'après les dessins de M. Froment-Meurice;

Un *coffret en fer,* en fer fondu damasquiné d'or, reconstitué d'après les fragments mutilés d'un coffret ancien. (Ce coffret, non terminé alors, appartint plus tard au comte de Paris. Il fut répété en fer forgé en 1849);

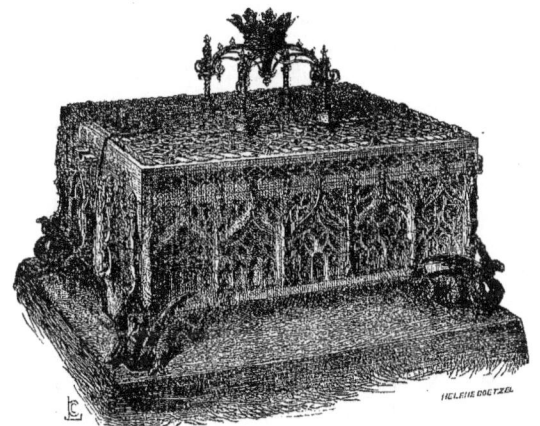

Des *patères,* des *coupes,* des *tasses* en agate, avec figurines et avec ornements niellés;

Dans le style Louis XIV, deux *parures* complètes en diamants et briolettes; un *bouquet de lys,* d'après les dessins de Cardillac; et dans le style Louis XV, des *flacons,* des *bonbonnières,* des *tabatières* en or, et de charmants *cadres* minuscules pour les peintures de Meissonier.

Nous signalons, s'ils passent jamais en vente, ces cadres ciselés pour des peintures ou des aquarelles, probablement de proportions lilliputiennes. Nous regrettons de ne pas connaître le nom du gourmet d'art qui les avait commandés. La plupart des autres pièces que nous venons d'énumérer avaient été exécutées pour la duchesse d'Orléans, pour la Ville de Paris et « pour plusieurs grands personnages, protecteurs éclairés de l'art de la ciselure ». Ces mots discrets désignaient sans doute aux initiés le duc Albert de Luynes.

Avec les travaux de fond était venue la vogue. L'Exposition de 1839 avait suffi pour mettre en vue les ambitions de l'artiste et du fabricant. Froment-Meurice, à qui, en 1839, moins de vingt-cinq ouvriers suffisaient pour un chiffre d'affaires de 200,000 francs, en occupait, en 1844, quatre-vingts, et produisait trois fois autant. Il pouvait se vanter de l'appui moral ou effectif de Paul Delaroche, de Pradier, Gatteaux, Victor Baltard, Jean Feuchères, Louis Cavalier.

Il lui fallait, en effet, une équipe d'élite et des capitaux sans cesse croissants pour la mise en train et la livraison de travaux tels que ceux que nous allons énumérer.

En 1841, il livra en Russie, à la comtesse de Boobre, une *toilette* en argent ciselé, comprenant un grand miroir avec porte-bougies, un miroir à main, une aiguière et sa cuvette.

Nous préférons à cette toilette de style un peu confus le *seau à rafraîchir* de Mme Sabattier d'Espeyran. Le goût en est bien plus français. Froment-Meurice avait peu de sympathie pour le Louis XV ; mais il le sentait. Ici, sans en amoindrir la donnée, et en modérant seulement les saillies, il obtint une œuvre à la fois douce et vive. Le petit bois que nous lui avons consacré rend bien l'allure de ce charmant objet de table.

En 1842, s'acheva un *calice* pour le pape, offert par l'abbé Combalo et payé avec le surplus d'une souscription pour une œuvre de bienfaisance. C'était une reprise de l'emploi de ces émaux limousins qui avaient donné tant de style à l'orfèvrerie sacrée. Sur le pied, entre les groupes assis de la Foi, l'Espérance et la Charité, trois émaux peints représentaient des scènes de l'Ancien Testament. Et des scènes analogues se répétaient au nœud, entre les figures debout et adossées des quatre Évangélistes. « Les émaux du pied, écrivait l'orfèvre dans une note distribuée aux membres du jury de 1844, les émaux du pied forment une double courbe; au feu, les plaques voilent et se dérangent; pour en obtenir trois, nous en avons perdu dix. Sont venues ensuite les difficultés de l'ajustage; c'est une affaire de précision dangereuse à cause de la fragilité des émaux. » La fausse coupe, celle qui soutient le gobelet réel, était composée de lis émaillés en blanc, de feuilles de vigne émaillées en vert, et de grappes de raisin formées de perles noires.

Ce fut, nous dit-on, un des ouvrages les plus parfaits dans toutes leurs parties qui soient sortis de ses mains.

Commencé le 15 février, le *Bouclier des courses*, œuvre exceptionnelle que nous retrouverons à l'Exposition universelle de 1855, fut terminé le 3 mai 1844. On y avait travaillé sans désemparer.

Un premier modèle avait été exécuté en fer repoussé.

Le corps du second est de tôle d'acier; les bas-reliefs sont ajustés à fleur de tôle et retenus par les cadres extérieurs qui forment feuillure. Les ornements sont en repoussé, ou, — la frise du tour, par exemple, — pris sur pièce, selon que la précision de l'ajustage a nécessité l'emploi de l'un ou de l'autre de ces moyens.

La reproduction des bas-reliefs par le procédé galvanoplastique n'avait pas réussi. Après bien des tentatives[1], j'ai dû y renoncer. Dans l'état actuel de cette découverte, la reproduction de sculptures à saillies vigoureuses et offrant des rugosités ne me semble pas possible. J'ai dû revenir à la fonte; et pour conserver intact le travail du sculpteur, pour faire que ces bas-reliefs, surtout à cause de celui de M. J. Feuchères, conservassent leur facture originelle, quoique les faisant ciseler sous mes yeux et y consacrant près d'un mois du travail de chacun de mes meilleurs ouvriers, j'ai voulu, dis-je, que le travail se bornât à réparer les défauts de fonte et

---

1. *A Messieurs les membres du jury central*. Brochure de 4 pages in-octavo, signée Froment-Meurice, orfèvre-joaillier de la Ville de Paris. Imprimée par Béthune et Plon.

suivît fidèlement la cire, sans qu'il restât trace d'outil ou de rifloir. La frise de tour est entièrement prise sur pièce.

Nous avons fait dessiner et graver sur bois avec le plus grand soin ce *Bouclier*, qui fit à l'époque un effet considérable et qui est actuellement en Russie [1]. Wechte avait mis à la mode cette forme et ce cadre peu pratiques.

Voici l'amusante et exacte description qu'en donna Théophile Gautier dans *la Presse* :

... La principale pièce exposée par Froment-Meurice est un bouclier en argent et en fer, destiné à être offert en prix aux courses, que l'on croirait, pour la beauté du travail et la variété des ornements, avoir appartenu à quelques-unes de ces armures enchantées des poèmes épiques et des romans chevaleresques. Il se compose d'un sujet central ronde bosse, de quatre bas-reliefs, et d'une frise ou bordure. C'est l'histoire cyclique du cheval, motif qui doit plaire aux sportsmen du *Jockey-Club*.

Le milieu, modelé par Jean Feuchères, représente Neptune domptant les chevaux. Comme chacun sait, Diodore et Pausanias attribuent à ce dieu l'art de réduire les coursiers au frein. Neptune est donc le premier *gentleman rider* et avait le droit de figurer dans un bouclier hippique, d'autant plus que, selon Virgile, il a fait sortir le cheval de terre d'un coup de trident, cumulant ainsi les fonctions de créateur et d'écuyer. Ceci est la période fabuleuse de l'histoire du cheval, comme qui dirait le règne de Pharamond pour l'histoire de France ou celui de Romulus pour l'histoire de Rome. Ce groupe est plein de feu et de mouvement. Peut-être, s'il faisait partie d'un bouclier réel, pourrait-on lui reprocher un peu de saillie. Mais l'écu est une arme depuis longtemps tombée en désuétude, et il n'est guère probable que le propriétaire des coureurs à qui le prix sera décerné aille à la guerre avec le bouclier Froment-Meurice. Il se contentera probablement de l'appendre à la muraille de son cabinet ou de son fumoir, entre quelque trophée de pipes ou de fusils de chasse.

Le premier bas-relief, sculpté par Rouillard, qui ne le cède qu'à Barye pour les animaux, nous fait voir le cheval à l'état sauvage, bondissant dans la force de sa

---

[1]. Le bois ci-contre a été dessiné par M. Ch. Courtry, d'après une photographie faite par M. Richebourg à une époque où les procédés, beaucoup moins perfectionnés qu'aujourd'hui, laissaient invisibles une foule de détails. Le jeune artiste les a restitués avec exactitude, et il a trouvé dans M. Marais un interprète aussi précis qu'agréable. Au moment où le « procédé » menace l'art du graveur sur bois, il est opportun de signaler ce chef-d'œuvre d'interprétation et de gravure.

liberté, mais ayant le léger inconvénient d'être poursuivi à outrance par des tigres très férocement modelés. Quel que soit le charme de l'indépendance et de la poésie de la savane ou de la steppe, il vaut assurément mieux être dans une box installée à l'anglaise, même à la charge de porter de temps à autre une soixantaine de livres sur le dos sous prétexte de jockey.

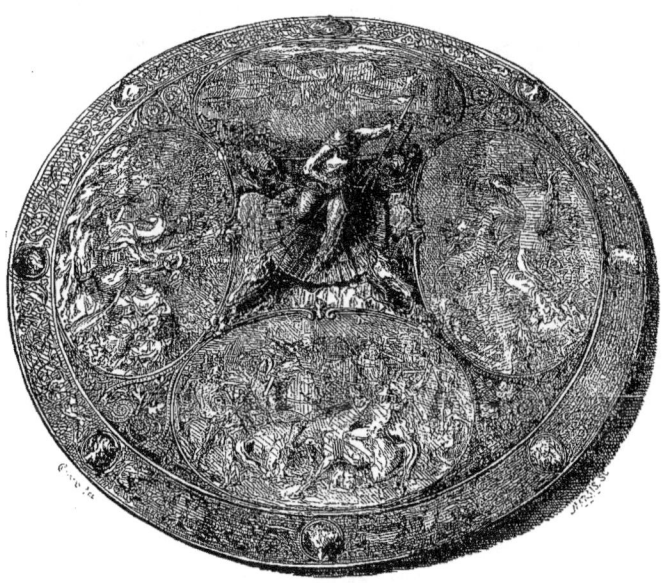

Le second, modelé par Jean Feuchères, représente le cheval, non plus sauvage, mais barbare encore, s'associant aux périls et aux combats de cavaliers hardis. Une horrible mêlée de guerriers, rappelant la *Bataille des Cimbres*, de Decamps, montre le noble animal échevelé, furieux, partageant l'enivrement de carnage de son maître. La fierté et la bizarrerie des détails, la pétulance du mouvement et l'âpreté générale du style, caractérisent bien cette époque de transition dans l'art équestre.

Le troisième, arrangé d'après Pluvinel par Justin, a pour sujet une chasse du temps de Louis XIII. Le cheval est arrivé déjà à un grand degré d'éducation; il est plein de fatuité et de manières, comme un raffiné. La tête est placée d'un air coquet, la hanche bien rangée; il fait des changements de pieds, des voltes et des courbettes, comme s'il était dans un bal ou dans un carrousel. Nous ne serions pas étonné qu'il eût pris des leçons de danse entre les poteaux du manège. Justin a très heureusement surmonté les difficultés que lui offrait ce motif. Il a été fin sans sécheresse et sans minutie. Le feuillé des arbres, les dentelles, les costumes, les détails des petites têtes, sont très délicatement rendus.

Le quatrième, par Schœnwerk, d'après les indications d'Alfred de Dreux, représente l'hippodrome de Chantilly : c'est le moins heureux de tous; mais la faute n'en est pas à l'artiste. Un pareil sujet offre de grandes difficultés. On sait que ce n'est pas précisément par le pittoresque que brillent les Anglais, et maintenant tout ce qui concerne les courses se fait à la mode anglaise. Des chevaux *entraînés*, montés par des jockeys *réduits*, et lancés à toute vitesse, c'est-à-dire se rapprochant le plus possible de la ligne horizontale par la maigreur de leurs formes et la similitude de leurs poses, ne prêtent que médiocrement à la sculpture. Schœnwerk s'en est tiré avec beaucoup d'adresse et d'esprit. Un cheval de course est comme une danseuse; il n'est beau que par l'action, et la statuaire est le plus immobile et le plus arrêté de tous les arts. La laideur est un fait moderne contre lequel les artistes se débattent tant qu'ils peuvent : nos maisons, nos habits, nos meubles, nos voitures, nos attelages, nos armes, nos ustensiles, sont hideux; pour s'en convaincre, il n'y a qu'à les faire peindre ou sculpter.

Une frise sur pièce, composée de têtes d'animaux, d'attributs de chasse, cercle et relie ces différentes compositions. Ce qu'il a fallu de temps, de peine, de patience et de talent pour traduire sur ce dur métal ces bas-reliefs si compliqués, Froment-Meurice peut seul le dire, car ils semblent pétris avec la facilité de la terre ou de la cire...

Un *Ostensoir*, dont le modèle fut répété en grand pour l'église de la Madeleine, avait été exécuté à l'origine pour la reine Amélie, qui l'offrit au pape; il fut, depuis, donné par le pape à la cathédrale de Cologne qui le conserve dans son trésor. Il est très caractéristique de la manière de Froment-Meurice, et si nous avions pu nous appuyer de documents suffisamment précis, nous l'aurions fait reproduire en chromolithographie. Les émaux lui donnent un éclat délicat et cossu.

Il offre une appropriation toute française de certaines monstrances italiennes du XIVe et du XVe siècle. L'architecture générale en est dorée, et les figurines sont en argent[1]. « M. Liénard m'en a fait le dessin, écrivait l'orfèvre[2], et m'avait fourni les profils en plâtre. En employant le procédé de la fonte, c'eût été une grande économie de temps et de travail; mais cet ostensoir eût pesé le double : c'est pourquoi j'ai pris le parti de l'exécuter tout entier par les procédés de fabrication d'atelier, c'est-à-dire que les colonnettes en ont été étirées sur un tube à la filière, dans des billes faites exprès. Le pied, les nœuds, les moulures, les vides, tout est de retreinte, d'ajustage et fait au morceau[3]. Il n'y a de fondu que les chapiteaux, les clochetons, les consoles et les figures. L'émail aussi m'a entraîné loin par la difficulté de maintenir dans le feu d'aussi grandes pièces à angles droits; j'ai dû faire construire un moufle tout exprès pour émailler le morceau principal, la cage du centre, qui se démonte en deux parties, les colonnettes restant adhérentes à la pièce principale de la base. » Et Froment-Meurice ajoutait ces mots qui peignent bien la vivacité de sa recherche sur tous les terrains : « Pour les émaux et les pierreries, c'est au livre de M. Chevreul (*Théorie des couleurs*) que j'ai eu recours. »

Disons ici que l'ostensoir de la Madeleine (1849) subit d'importantes et heureuses modifications. Il est plus fourmillant, et le tabernacle qui le protège est d'une élégance des plus décoratives. Aux deux colonnes d'avant s'adossent des anges aux ailes dressées, l'un balançant l'encensoir, l'autre pinçant les cordes de la harpe; une sorte de grille pend comme une étoffe d'or découpée à jour; sur le cintre s'en-

---

1. On en rencontre un bois, dessiné par Rambert, dans le tome III et à la page 200 du journal *l'Illustration*. — Dans ce même volume, page 324, il y a un dessin du *Bouclier de courses*, par Janet-Lange, mais tout à fait sommaire et sans effet.
2. *A Messieurs les membres du jury central*, p. 2.
3. Pour éviter au lecteur des explications techniques qui exigeraient de longs détails, nous donnons en appendice des « Notes, descriptions et moyens employés pour la fabrication de pièces de joaillerie et d'orfèvrerie d'art... » Ces notes ont été rédigées, sur ma demande, dans les ateliers de M. Émile Froment-Meurice, et sont aussi claires, aussi instructives que peut le désirer un homme du monde.

roule le cep de la vigne mystique, et des angelots célèbrent la gloire du triangle sacré qui flamboie tout au haut.

Mais il nous faut terminer cette période, que couronna l'Exposition des produits de l'Industrie française de 1844.

Un *vase* avait été commandé par la Ville de Paris pour être offert à l'ingénieur Émery. La majeure partie des ornements était en repoussé, et les autres faits de pièces rapportées et soudées. L'argent, étant le métal malléable à plaisir, est favorable à toutes les variétés de travaux. Le modèle du vase lui-même avait été donné par Froment-Meurice. Il est d'un solide et gracieux profil. Il coûta dix-huit mois de travail [1]. Deux naïades, — M. Émery était ingénieur des eaux de la Ville, — femmes jusqu'aux reins et après terminées en poisson squammeux, sont assises sur le rebord de la panse et maintiennent des anses légères qui s'enroulent. Le bouton terminal est formé par la couronne murale, au-dessus des armes symboliques de Paris. Ce que nous n'aimons pas, et ce qui, du reste, n'a point survécu à la période romantique, ce sont les têtes de jeunes femmes coiffées en bandeaux qui alternent sur le marli du pied. Cette coiffure est sans grâce. Elle encadre l'ovale du visage avec une rigidité pauvre. Elle marque trop strictement, dans la statuaire, dans les « villes », par exemple, de la place de la Concorde, une mode que les femmes du monde avaient empruntée à l'anglicane Angleterre. Ici, Klagmann, qui le sentait, avait donné quelque mouvement aux cheveux, séparé les anneaux, frisé les mèches. L'effet est meilleur ainsi.

Un autre *vase,* celui-ci en argent doré, avait été également commandé par la Ville de Paris. Il était destiné au général baron de Feuchères, qui, à la mort de sa première femme, avait fait le legs considérable de sa fortune aux hospices. Le modèle du vase reproduisait

---

1. Il en a été publié une image dans les *Artisans illustres*.

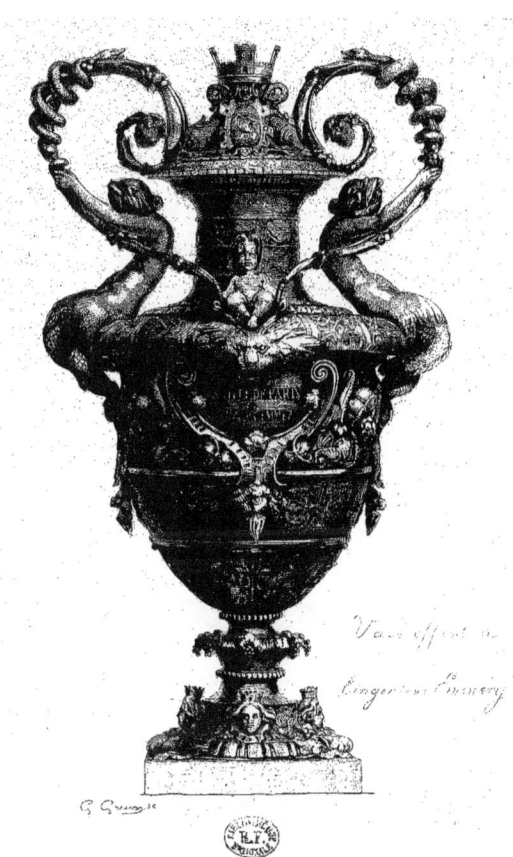

une des formes de la manufacture de Sèvres, que l'on nomme, je crois, « forme Duplessis », du nom de son modeleur. C'est du Louis XVI élégant. On y avait ajouté, en guise d'anses décoratives, deux anges debout : l'un tenant l'épée guerrière, l'autre réchauffant des enfants sur son sein. Les figures sont fondues en plein, et, pour alléger, les ailes sont en repoussé et ajustées;[1] sur le col, les armes des Feuchères ; sur la panse est inscrit un médaillon en malachite, le profil du général, sculpté par Pradier.

Cet intéressant objet d'art est actuellement la propriété de la seconde femme du général. Il est offert par elle, après sa mort, aux musées nationaux du Louvre.

La période que nous allons parcourir n'est pas moins intéressante.

Le chiffre seul des ouvriers orfèvres, bijoutiers, ciseleurs, graveurs et polisseurs, occupés dans les trois ateliers installés à l'intérieur, et des ciseleurs-graveurs travaillant en chambre exclusivement pour la maison, atteignait presque quatre-vingts. Il ne comprenait pas les fondeurs (on a vu que l'un de ces fondeurs était Richard), les estampeurs, les émailleurs (Sollier, entre autres), les lapidaires occupés au dehors. On voit que de têtes et que de mains avait monopolisées et mises en action continue ce fabricant qui n'occupait que seize personnes cinq ans auparavant ! Les chiffres allaient s'élever à cent vingt ouvriers ou artistes, et à onze cent mille francs d'affaires[2].

---

1. Ces anses sont montées à froid avec un écrou de tirage dans le pied ; cet écrou est monté de façon à faire levier, de telle sorte que les ailes s'ajustent serrées contre la monture.

2. La joaillerie, la bijouterie de haut luxe ont subi, comme nous l'indiquons, une transformation. En tant qu'industries d'exportation, elles tiennent un rang de plus en plus considérable. Elles portent sur tous les points du globe les preuves manifestes de l'imagination, de l'ingéniosité du goût français.

Le rapport rédigé par M. Martial-Bernard, à la suite de l'Exposition universelle de 1878,

Nous ne nous arrêterons plus aux broches, aux cachets, aux miroirs et menus ouvrages de bijouterie. Les fluctuations de la mode étaient moins rapides qu'aujourd'hui. Les changements de style ne se succédaient point avec une fureur inexcusable.

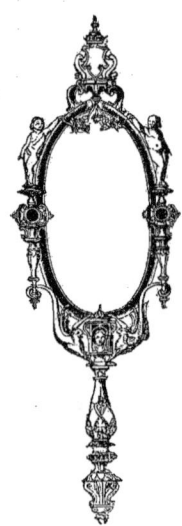

Il nous reste à constater, avec regret, que cette mobilité a détruit tout sentiment de critique et toute originalité nationale. On s'habille, on se coiffe, on se chausse et se pare bien moins selon sa condition de fortune, son âge, ses habitudes de corps, qu'on ne subit la tyrannie de la couturière, du tailleur, du bottier, du chapelier, du marchand de bijoux ligués pour imposer, à chaque trimestre, noir ce qui était clair, court ce qui était ample, carré ce qui était allongé. Le philosophe, bien déterminé à ne laisser modifier qu'à de longs intervalles les ailes de son chapeau ou l'ouverture de son gilet, assiste, non sans étonnement, à ce spectacle nouveau, mouvant, et de plus en plus coloré. Mais le critique, qui perdrait sa gravité à de tels aveux, doit regretter, dans cette danse de saint Guy des formes et des couleurs, la hâte qui est la négation du bien faire. Sans être un pédant, on peut s'inquiéter si le tapissier remplace le fabricant de beaux meubles, et si la monture plate se substitue à la composition dans le bijou de valeur et de grand goût.

---

nous apprend que nos ventes de bijoux d'or et de platine ont monté, de 1867 à 1878, à 284,000 francs; la bijouterie d'argent, de 843,000 à près de 3,000,000 de francs.

En 1872, — et ce chiffre a dû s'élever proportionnellement à la production, — cette industrie d'élite comprenait plus de 2,680 fabricants occupant 13,822 ouvriers artistes.

L'Exposition de 1849 valut à M. Froment-Meurice une « nouvelle médaille d'or ».

M. Wolowski, rapporteur pour les classes « orfèvrerie, joaillerie, bijouterie », lui donna des éloges sans réserves. Il terminait par ce passage que nous transcrivons, pour les noms d'artistes dont il constate le mérite, et aussi parce que, plus loin, en 1855, à propos de l'incident Planche, nous n'aurons qu'à y renvoyer.

<small>Comme tous les hommes d'un vrai mérite, M. Froment-Meurice s'attache avec scrupule à faire ressortir les services rendus par les collaborateurs qu'il a su s'adjoindre, peintres, sculpteurs, ciseleurs, ouvriers habiles. Il a toujours eu soin, pour chacune des pièces remarquables de son exposition, d'indiquer ceux qui l'avaient secondé.

C'est ainsi que, sans parler des artistes dont nous avons déjà signalé les noms, M. Froment-Meurice a particulièrement insisté sur le mérite de ses deux contremaîtres, MM. Babeur et Wisset, ainsi que sur celui de MM. Frémonteil et Croville, tous deux ses anciens apprentis, qui n'ont pas quitté sa fabrique depuis vingt ans.

Les quatre ciseleurs qui ont exécuté les figures en repoussé du groupe de M. de Luynes, sont MM. Muleret, Alexandre Daubergue, Fannière et Poux; trois d'entre eux ont passé par l'atelier de M. J. Vechte et se montrent les dignes élèves d'un si grand maître. M. Fannière est le neveu et l'élève du regrettable Fauconnier. M. Sollier, émailleur, a fait preuve du plus grand talent. Enfin M. Froment-Meurice a payé un tribut de reconnaissance au dessinateur-sculpteur dont l'expérience et le goût ont contribué à placer son atelier à un rang si élevé, à M. Liénard, un des artistes qui ont le plus fait pour la splendeur de notre industrie [1].</small>

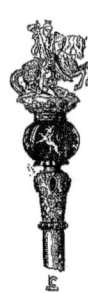

Avant de nous arrêter aux grandes pièces, citons au passage un *cachet* en fer, ciselé pour le comte de Maillé, un *Saint Louis au siège de Saint-Jean-d'Acre*, l'épée en main, qui se protége la tête de son écu; une *pomme de cravache*, ciselée dans l'or, émaillée, incrustée de rubis, terminée par un groupe représentant un chevalier perçant des

---

[1]. *Rapports officiels*, t. III, page 316.

Sarrasins. Ce bijou, duquel une aquarelle que j'ai sous les yeux révèle

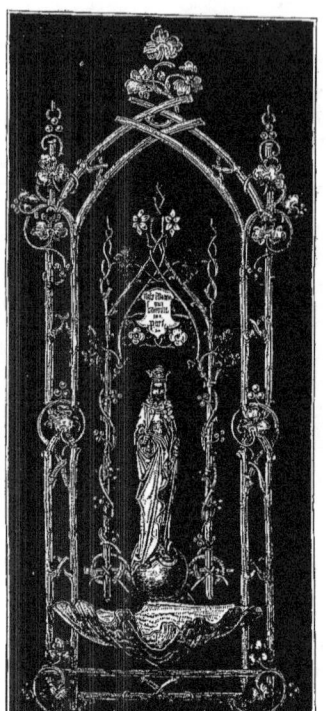

la coloration brillante, avait été commandé par le duc de Montpensier pour la reine d'Espagne. Une *châtelaine*, à plusieurs étages, était compliquée par la juxtaposition de styles divers [1], et l'importance donnée à un groupe théâtral, un page dormant accoudé aux genoux de sa châtelaine, l'a vieillie.

Un *bénitier* offert avec un *bracelet* par les dames de la ville de Marseille à la comtesse de Chambord, à l'occasion de son mariage, en 1847, attirait l'attention : l'écusson et les portraits de Marseillais célèbres, qui alternaient sur le développement du bracelet, étaient émaillés ; le bénitier, composition d'une rare élégance, se compose d'une Vierge, un lis dans la main, les pieds sur la [boule] du monde,

---

1. L'*Illustration*, VI, p. 64, en a dessiné un bois assez exact. L'objet était en argent ciselé.

dominant la coquille où se puise l'eau consacrée, et encadrée dans un mince treillage de ceps de vigne ornementale, avec feuillages émaillés de vert, roses et lis en blanc, grains de raisin en rubis. Sur un écusson : « *Notre-Dame qui conduit au port* ».

Mais il faut réserver une mention spéciale à la *Coupe des vendanges*[1]. L'idée en est charmante. L'exécution en était pleine de souplesse. Il est bien regrettable que la séparation décrétée par les théoriciens ait marqué, depuis le commencement du XIXe siècle, une distinction farouche entre « l'art » et ce qui ne serait pas l'art, mais quelque chose de « moins noble » que l'art. Il en est résulté des expositions antagonistes, qui perpétuaient la confusion : car, à l'Exposition des « artistes », on pouvait exposer un émail, un bas-relief, une figure, lesquels étaient rigoureusement expulsés s'ils s'y représentaient de nouveau inscrits dans le flanc d'un coffret ou contournant la panse d'une aiguière ou s'accoudant au rebord d'une coupe. Passe encore pour ces malentendus! Le bon sens public les rectifie. Il retrouve ici ce qu'on lui a supprimé là. Le vrai « désordre », c'est quand l'État, prenant parti dans ces querelles, *in vacuo bombycinans*, s'était interdit d'acheter, pour nos collections nationales, des objets soi-disant « de commerce », que les musées étrangers, que les amateurs riches se disputaient pour orner leurs vitrines et leurs cabinets.

La première exécution de la coupe qui nous arrête était décidée pour le duc de Montpensier. Comment se peut-il que le directeur des Musées royaux (1847), ou que le directeur des Beaux-arts de la République (1849) n'aient point éveillé l'attention des ministres et n'aient point commandé ou acquis un double? Quelle économie sur le bordereau qu'aura à régler la caisse des Musées si cet objet passe un jour par les enchères publiques sous un ministère non classique !

---

[1]. Voir ci-devant, page 34, un croquis très coloré de M. Courtry, et gravé avec infiniment de goût par M. Marais, d'après ce gracieux objet d'art.

Cette coupe, de forme ovale en moitié de haricot, avait été évidée dans de l'agate gris-lilas. Un double cep de vigne, rugueux et noueux, s'enroulait pour la soutenir et pour la couronner. Des enfants ailés grimpaient après ce cep, rencontraient au passage une bacchante endormie et renversée en arrière, les seins offerts à la brise fraîche. Ils riaient de sa pesante ivresse, ou regardaient dans la coupe si le vin réfléchissait leur rire. Sur la terrasse, adossés au cep, des humains que le vin a troublés : Noé, Loth et ses filles, Anacréon. Les feuilles étaient en or émaillé.

Les figures avaient été ciselées par Weck. La composition appartenait à M. Froment-Meurice, que nous avons là bien tout entier.

Une photographie, très confuse malheureusement et prise d'ensemble devant les gradins de la maison Froment-Meurice, nous permet, après de patientes recherches à l'aide du verre grossissant, de reconstituer un détail des envois à cette exposition : sur le premier gradin, des bracelets, des parures, etc., dans des écrins ouverts ; de l'orfèvrerie de table, flambeaux à branches multiples, grands plateaux, rafraîchissoirs, théières, aiguières et cuvettes, cafetières, etc. ; le coffret du comte de Paris ; un autre coffret à figures d'anges détachées, emprunté de la toilette de la duchesse de Parme, et dont nous donnons un bois dessiné par Courtry et élégamment gravé par Mlle Hélène Boëtzel ; les épées des généraux Cavaignac et Changarnier. — Sur les gradins supérieurs, l'ostensoir de l'église de la Madeleine avec son entourage ; le bouclier des courses, le vase Émery, un coffret à bijoux complétant la toilette de la princesse de Lucques. Enfin, au milieu, le « milieu de table » du duc de Luynes, *Sine Cerere ac Baccho friget Venus*.

Je passe sous silence le fourmillement des pièces de second ordre.

La toilette, offerte par souscription ouverte parmi les dames de France à S. A. R. la duchesse de Parme et Lucques, avait coûté six ans de travail. Elle était très riche en colorations. Les parties dorées ou d'argent y alternaient avec les parties émaillées, et celles-ci avec les nielles et les pierreries. Monumentale réellement[1], puisqu'elle comptait deux mètres quarante centimètres de hauteur et presque deux

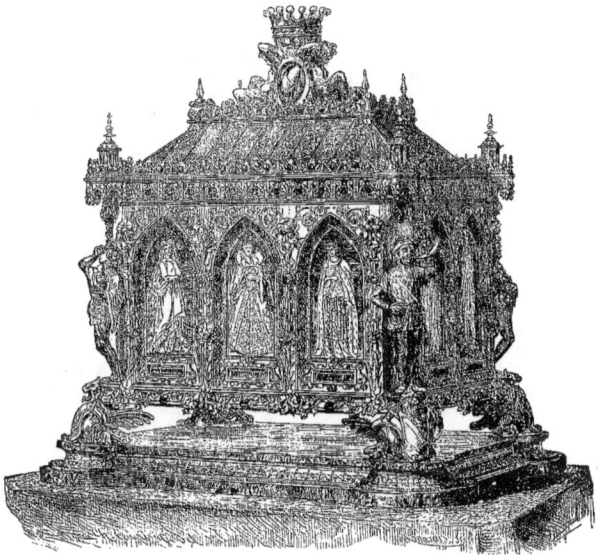

mètres en largeur. Les trente et une figures qui ornaient l'ensemble de la toilette étaient exécutées d'après les dessins de J. Feuchères, Fro-

---

1. Il en a été donné un bois dans une publication française dont je n'ai point le titre, et une eau-forte dans une publication italienne : *Toeletta in argento ed oro, abbellita di smalti e ricca di pietre preciose, posseduta da* S. A. R. LUISA MARIA DI BORBONE, *duchessa di Parma, ecc.* — A. Rosseno dis. ed inc. Parma, 1853.

ment-Meurice et M. Geoffroy Dechaumes; la sculpture des ornements, de Liénard; les émaux, de Sollier et Meyer. En 1851, cette œuvre considérable n'était point encore complète. Je lis dans une lettre du comte Turpin de Crissé à Mme la duchesse d'Escars :

... M. Froment m'a écrit, il y a deux jours, qu'il désirait beaucoup me montrer la table de la toilette, avant de fixer sur cette même table de fer les plaques d'argent niellé qui doivent s'y incruster. Bien que j'aie commencé, et même depuis plusieurs années, à être un peu calmé sur l'intérêt que peuvent offrir des travaux en cours d'exécution et ne se terminant jamais, je me suis rendu à l'atelier de M. Froment-Meurice.

Sans entrer dans la description détaillée de cette nouvelle table et de l'immense travail qu'elle a nécessité à partir du moment où nous nous sommes convaincus que la table en bois, perdue par l'humidité, ne pourra plus servir, je dois dire que M. Froment a accepté courageusement cette nouvelle entreprise, en dehors de toutes les prévisions, et qu'il l'a terminée avec une intelligence et un talent remarquables. Profitant de ces nouvelles données, pour lesquelles le fer jouait un rôle si important, il l'a laissé apparent dans plusieurs parties, le ciselant ou damasquinant avec infiniment de goût; le ton du fer ainsi travaillé se lie et s'harmonise parfaitement avec l'argent niellé, avec les émaux et la dorure. Nous pouvons dire avec vérité que l'ensemble de la toilette aura beaucoup gagné à cette restauration onéreuse à l'artiste, mais très satisfaisante sous le double rapport de la beauté et de la solidité. Quand sera-t-elle complètement terminée, montée, en état d'être exposée? il me serait impossible de le dire. M. Froment lui-même, fixant le jour, nous tromperait, se tromperait, se verrait contraint de retarder encore, ainsi qu'il l'a fait déjà. Je pense donc qu'il faut s'en rapporter entièrement à la conscience d'un homme d'honneur, d'un artiste digne de ce nom si noble quand il est bien porté, et qu'il sentira tout ce qu'il doit à votre confiance et à votre patience si longue et tant éprouvée.... »

M. Alphonse de Calonne a publié, dans *l'Opinion publique* (1er avril 1851), une description très brillante de cette toilette, véritable monument d'orfèvrerie à en juger par les gravures et par les descriptions. Voici les traits principaux de l'article de l'écrivain légitimiste :

... Une table de six pieds de large, sur quatre de profondeur, est assise sur quatre pieds réunis par le bas à une tige centrale. Sur cette table se dresse, au centre, le miroir pivotant sur ses supports; à droite et à gauche, deux coffrets; par devant, l'aiguière. Tel est l'ensemble.

La tige centrale, base de tout l'édifice, est un beau pied de lys, fleurs en argent, feuillage en or, autour duquel s'enlacent et s'enchevêtrent de puissants rameaux de lierre, qui vont aller, en s'échappant du tronc principal, former les quatre pieds de la table.

Des rinceaux de feuillages d'or les entourent de leurs spirales, et montent avec lui pour mieux étreindre et relier le fardeau. Mais du sein de ces feuillages s'élancent quatre figures, quatre génies : l'Honneur, la Vaillance, la Fidélité, la Piété, qui vont soulever sur leurs fronts puissants la seconde partie du monument. En chemin, des guirlandes de roses, symbole du mariage, se sont unies au lierre, symbole de la fidélité, et aux lys, symbole de la France ; nous retrouverons cette triple et luxuriante végétation dans toutes les autres parties.

La table est une immense morceau d'acier, d'argent et d'or, formée des plus grandes pièces d'argent niellé que nielleur ait jamais produites. C'est d'abord un vaste champ fleurdelisé sans nombre : chaque fleur de lys est encadrée dans la maille d'un réseau de lierre. Au centre, et dans toute la longueur de la table, règne une gravure en relief avec les mêmes emblèmes, mêlés d'ornements dans le style gothique de la fin du XV⁰ siècle. En général, c'est le style de cette époque loyale et chevaleresque qui a été choisi, et qui domine. Autour de la table, et suivant les quatre saillies rudes où portent les quatre supports et les deux saillies courbes des deux extrémités, se développe en manière de cadre un ruban enlacé de lys, de roses et de lierre, sur lequel est gravée cette incription en lettres gothiques du XV⁰ siècle : *Témoignage de respect et de fidélité à Son Altesse Royale Louise-Marie-Thérèse de France, à l'occasion de son mariage avec Son Altesse Royale Ferdinand-Charles de Bourbon, infant d'Espagne, prince héréditaire de Lucques.*

La table, portée sur les quatre pieds que nous avons décrits, est ornée à son pourtour et dessous d'une sorte d'entablement mêlé de fleurs et de feuillages qui se rattachent aux supports et font corps avec eux. Entre la table et les feuillages court une frise à compartiments, dont le fond est un émail bleu fleurdelisé, sur lequel se découpent des ornements qui tiennent à la fois du goût byzantin et de celui de la Renaissance française. A chaque compartiment brille un beau grenat. Toutes ces fleurs, tous ces feuillages, tous ces rinceaux, ces ornements pleins ou découpés à jour, sont ciselés avec un soin aussi minutieux que s'il s'était agi d'une montre ou d'une boucle d'oreille.

Ici commence la seconde partie du monument et la plus importante.

Nous l'avons dit, au centre de l'édifice s'élève le miroir : c'est la seule pièce fixée à demeure sur la table. Les autres sont naturellement mobiles, les coffrets et l'aiguière. Comme dans toutes les toilettes du monde, ce miroir pivote entre deux supports. Une belle glace, épaisse de deux doigts, de l'eau la plus pure, biseautée comme les glaces de Venise, bien que Venise n'ait jamais rien produit d'aussi beau que cette glace française, est encadrée dans un cadre ogival. La forme ogivale est une forme éminemment française ; c'est celle qui domine dans notre architecture nationale ; celle qui, aux plus belles époques de notre gloire et de notre foi, fut consacrée à Dieu ; celle qu'épousent nos vieux arceaux sous lesquels nous prions, celle qui décore les tombes de nos aïeux, celle enfin qui fait battre le cœur comme un vivant souvenir de la patrie, quand nous la retrouvons sous le ciel étranger. Il était juste, il était naturel, il était délicat et touchant de placer sous les yeux de notre jeune princesse cette courbe brisée, image de la patrie absente.

Cette noble pensée vient de M. Duban, l'éminent architecte, et nous nous plaisons à lui rendre l'hommage qui lui est dû.

Le cadre qui entoure la glace est à lui seul un chef-d'œuvre. Nous retrouvons là, entre deux profils d'or, une bande émaillée de bleu avec un fond de fleurs de lys sans nombre, sur laquelle se découpent, comme dans la frise de la table, des rinceaux biseautés et découpés à jour. Mais ici les compartiments sont marqués par des écussons portant les armoiries de toutes les provinces de France : la Bretagne, la Normandie, la Champagne, la Picardie, la Lorraine, l'Alsace, la Bourgogne, l'Artois, la Flandre, etc.

Le miroir avec son cadre joue entre deux supports, qui sont deux énormes tiges de lys enlacés comme toujours de lierres et de roses, et dont les fleurs s'épanouissent blanches et brillantes du sein des feuillages et des rinceaux d'or. Les guirlandes se réunissent à angles droits sous la glace, et en ogives par-dessus. Contre chaque support vient s'appliquer la figure d'un tenant, celui de Lucques à votre gauche, celui de France à droite. Les deux tenants sont deux guerriers célèbres, deux anges aux ailes éployées, vêtus de la dalmatique des hérauts d'armes et tenant l'oriflamme. Sur la dalmatique bleue de celui de droite brillent les trois fleurs de lys de France ; sur celle de gauche, un semis de fleurs de lys sans nombre. Sur l'oriflamme de France, on lit : Mont-Joie Saint-Denis ; sur la bannière de Lucques, Deus et Dies. Ces deux figures comme toutes les autres sont en argent mat ; leurs ornements sont en or et en émaux. Le tenant de France s'appuie sur une épée.

Au pied des tiges de lys et des rinceaux de lierre et de roses s'ajustent, au milieu des feuilles et des fleurs, six charmantes figures d'Amours folâtrant avec des oiseaux et se roulant dans le feuillage. Cette composition, dont le symbole se manifeste aisément, est d'une grâce charmante, d'un goût exquis et prête une certaine ampleur à l'ensemble. Remontant de là les deux tiges des supports, nous arrivons au sommet qui est couronné du double écusson de Lucques et de France, avec deux génies pour supports. Ces deux écus, enveloppés de lierre et de roses, sont timbrés de la couronne impériale, dont la croix domine et protège l'édifice tout entier.

Ajoutons qu'au pied de chaque support du miroir s'avancent, devant et derrière, de petits édicules en forme de coupes couvertes et à jour, destinés à brûler des parfums. Ces cassolettes, en donnant plus d'épaisseur et de fermeté à la base, varient en même temps la ligne des profils.

Le plateau de l'aiguière affecte, sous ses dimensions restreintes, la même forme que la tablette niellée de la table ; comme elle, il s'arrondit aux deux extrémités, avec cette différence que les courbes se brisent en ogives ; comme elle aussi, il voit les roses, les lys et le lierre s'enrouler en guirlandes sur ses rebords. Mais ici nous rentrons dans le domaine du bijou ciselé ; les fleurs et les feuillages sont en relief et d'un travail si délicat, qu'il suffirait d'un de ces vingt bouquets pour faire la réputation d'un artiste.

La panse de l'aiguière est couverte des mêmes dessins et des mêmes exfoliations en relief; elle porte aussi le double écusson des époux soutenu par deux Amours; l'anse est une tige de rosier portant au sommet un petit Amour qui joue avec un lézard. La forme générale de ce vase est un peu orientale : panse très enflée, col mince et dégagé.

Les deux coffrets sont deux espèces d'édifices à toiture et à pignon, comme les châsses du Moyen Age. A chacun des angles, et posée sur un petit socle Renaissance couronné d'un dais avec pinacle de même style, se dresse la statuette des pages servants. Leurs écus, gravés à leurs pieds, nous diront leurs noms. Voici Olivier de Clisson, du Guesclin, Xaintrailles et La Hire, pour le coffret de gauche; Gaston de Foix, Bayard, La Trémoille et Dunois, pour le coffret de droite. Les deux grands côtés de ces coffrets sont divisés en trois compartiments, les petits en deux; ce qui nous donne dix compartiments pour chacun, et vingt pour les deux. Dans ces compartiments sont ajustés vingt émaux, style des émaux de Limoges, blanc gris et bleu foncé, unis à la surface et bombés pour mieux faire jouer la lumière. Ces vingt émaux, hauts de douze ou treize centimètres sur six ou sept de largeur, dimensions énormes pour des émaux de cette espèce, ont été recommencés deux ou trois fois. Ils représentent les femmes les plus célèbres de la monarchie française, depuis sainte Clotilde jusqu'à Anne d'Autriche : sainte Bathilde, sainte Geneviève, sainte Radegonde, Blanche de Castille, Anne de Bretagne, Anne de Beaujeu, Clémence Isaure, Clotilde de Surville, Jeanne la Boiteuse, Jeanne de Montfort, Jeanne Darc, Jeanne Hachette, Jeanne d'Albret, Marguerite de Valois, Marie de France et trois autres dont les noms nous échappent. Entre chaque émail s'élève une tige de lys en argent, dont les fleurs s'épanouissent sur la corniche.

Les autres ornements, les roses, les lierres, les à-jours de toits sur fond d'émail bleu fleurdelisé, les entablements, les socles, les pinacles à jour, tout cela est en or. Des grenats courent le long des frises, des émeraudes forment les pistils des lys, des émaux verts et bleus animent et rehaussent la valeur des métaux. Enfin, le sommet de chaque coffret est couronné par le double écusson comme la toilette elle-même. Placés de chaque côté du miroir, sur la table, ces coffrets garnissent suffisamment le vide, et laissent à l'architecture de l'édifice toute la grâce et toute la noblesse de son profil général.

Au bas du miroir, sur un cartouche d'or, on lit cette éloquente inscription en lettres d'argent en relief :

SOUVENIR DE FRANCE.

X NOVEMBRE MDCCCXLVII.

Le pied de la toilette jusqu'à la table est en bronze doré, d'un travail aussi délicat que celui des plus riches bijoux. Tout ce qui s'élève au-dessus de la table, le cadre du miroir, ses supports, les coffrets, l'aiguière et son plateau, tout est en argent doré. On a conservé la couleur de l'argent seulement aux figures et aux fleurs de lys. Cette partie supérieure est d'un travail délicieux; impossible d'imaginer rien de plus élégant et de plus noble à la fois. Impossible de réaliser avec le marteau un plus bel objet d'art...

Un *encrier*, en or, offert au pape Pie IX, avait été exécuté par ce mode de repoussé, où l'effet n'est point altéré, le rifloir, le ciselet et l'échoppe pouvant, sous la main du ciseleur, entamer une couche épaisse de métal. Les formes architecturales y primaient. Il avait pour motif central deux anges assis soutenant la boule du Monde, dominée par la Religion.

Une *épée* avait été offerte, par souscription ouverte dans le département du Lot, au général Cavaignac, et l'exécution en avait été confiée à Froment-Meurice.

La Liberté, l'Égalité et la Fraternité en forment la poignée. Adossées, elles ont chacune un bras levé et soutiennent un globe paré de laurier et de chêne, sur lequel se lit : France. Sur la coquille, un lion au repos, avec les mots : *Force et modération*. La garde est formée d'une France en saint Michel qui, le bouclier levé, terrasse l'Anarchie, celle-ci coiffée de serpents et terminée en double queue à dard. Sur une face de la lame, sont gravées les phrases dont s'était servi le chef du pouvoir exécutif, victorieux de l'insurrection de Juin, en 1848, dans une dépêche télégraphique adressée au pays tout entier : « *La République sortira triomphante de cette dernière lutte contre l'anarchie. — La France entière bat d'un seul cœur. — La lutte est terminée, l'ordre a triomphé de l'anarchie.* » Sur l'autre face : « *Au général Cavaignac, leur représentant à l'Assemblée nationale, les habitants du département du Lot.* » Le long de cette lame courent des branches de chêne chargées de glands.

La sculpture était de M. Jean Cavelier, aujourd'hui membre de l'Institut. Dans l'ornementation du fourreau, où domine le chêne uni au laurier, se dessinent ces froides palmettes présageant les prochains

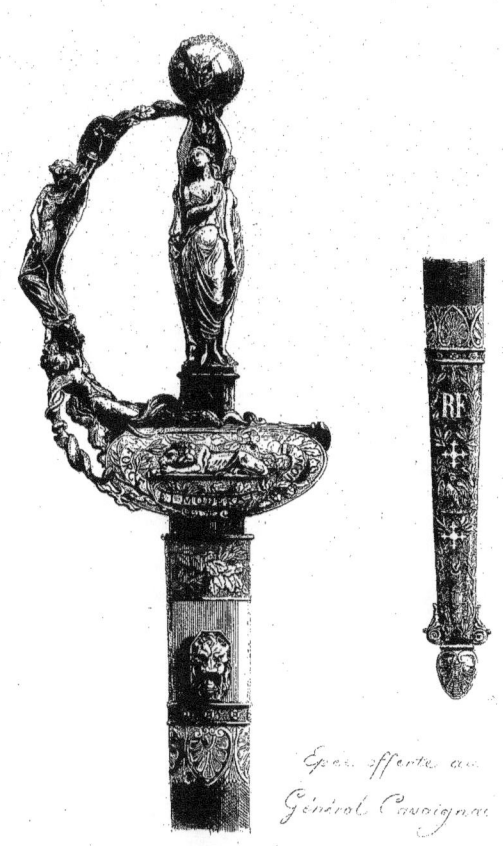

Épée offerte au
Général Cavaignac

sacrifices que notre école allait faire à ce style, — renouvelé des Grecs, — qualifié de « néo-grec ».

Froment-Meurice avait été chargé également d'une autre épée historique. On lit sur le quillon de celle-ci : « 13 *juin* 1849 », et sur sa coquille : « *Les ouvriers de Montluçon et de Commentry au général Changarnier.* » La poignée est formée d'une figure de saint Michel qui présente la pointe de son glaive à la gueule d'un monstre aux replis tortueux. Toute la garde est semée de branches de chêne.

La pièce capitale de cette exposition était le *milieu de table* commandé par le duc de Luynes, non pas seulement à titre d'objet de haut luxe, mais par obéissance à un sentiment de délicatesse patriotique, pour venir en aide à une noble industrie menacée de voir ses artistes et ses ouvriers s'expatrier, porter en Angleterre les secrets de nos métiers avec l'originalité de nos conceptions.

Nous avons fait graver, en regard de ces lignes, ce *milieu de table*. Il se composait de onze figures, exécutées d'après les modèles de Feuchères et sous sa direction. Jean Feuchères fut un artiste doué, mais il porta souvent la peine du peu de méthode de ses études premières. Il avait été mis en vue par des œuvres marquées au cachet du romantisme, entre autres, un *Satan,* méditant la ruine de nos premiers parents, assis, les ongles aux dents, le corps à demi enveloppé dans de vastes ailes de chauves-souris. Plus tard, il s'amenda. On peut juger de sa seconde manière par la fontaine Cuvier : la Science, la tête inclinée par l'étude, le regard plongeant dans la profondeur des temps, assise au milieu des monstres terrestres et aquatiques, entre son doigt dans une des fissures du globe.

Le *groupe de milieu* du duc de Luynes appartient à son époque intermédiaire. Des onze figures qui composent l'ensemble, les meilleures sont les quatre Tritons et Néréides géants qui tordent et enlacent la double queue squameuse soudée à leur torse, pendant que, penchés en avant, ils soutiennent une sphère que ceinture le zodiaque. Le geste des bras relevés est plein d'énergie. Le large modelé des torses accepte en plein les coups de la lumière, qui s'écrase sur la saillie des muscles et rejaillit en reflets. Des enfants ailés, — adroitement fixés à la sphère, — semblent l'effleurer seulement en voletant, et leurs petites mains brandissent les attributs de l'Abondance, de l'Ivresse et de l'Amour. Quatre figures debout et adossées commentent le vers malicieux de Térence, *Sine Cerere ac Baccho friget Venus*, que J. Janin traduisait gentiment : « Sans Cérès et Bacchus, adieu Vénus ! » Cérès avec la faucille porte la gerbe généreuse; Bacchus tient le thyrse et élève, les yeux déjà troubles, la coupe qui réchauffe; la mère de Cupidon serre son fils perfide contre sa tunique. Ces figures sont d'un bon jet. Un certain développement des têtes les fait paraître courtes.

La frise, qui laisse courir son fin relief autour du socle qui s'évase, est d'un goût exquis. Les plantes des champs, les herbes des vignes, les fleurs de plates-bandes qui la composent, poussant droit comme dans la nature, n'ont de saillie que ce qu'il en faut pour former un ton plus mat que ne le révèlent les polis des autres parties de l'édifice architectural et sculptural.

Ce monument, dont l'effet doit être superbe au milieu d'une table bien éclairée, chargée de cristaux et d'orfèvrerie luisante, tendue de linge fin et blanc, dans l'atmosphère vibrante des conversations et des rires, avait exigé trois années de travail. Les signes du zodiaque avaient été mises au net d'après des dessins fournis par le duc lui-même.

Les figures étaient en argent repoussé, à l'exclusion absolue de la fonte et de tout autre procédé de fabrication.

A l'appui de ce mode de repoussé, Froment-Meurice distribua aux jurés, en 1851, cette note technique, qu'il ne faut pas laisser enfouie dans des feuillets que l'on ne consulte guère :

... L'art du ciseleur-repousseur a brillé surtout à l'époque de la Renaissance. Il ne s'employait et ne s'emploie encore aujourd'hui que pour des œuvres d'art qui

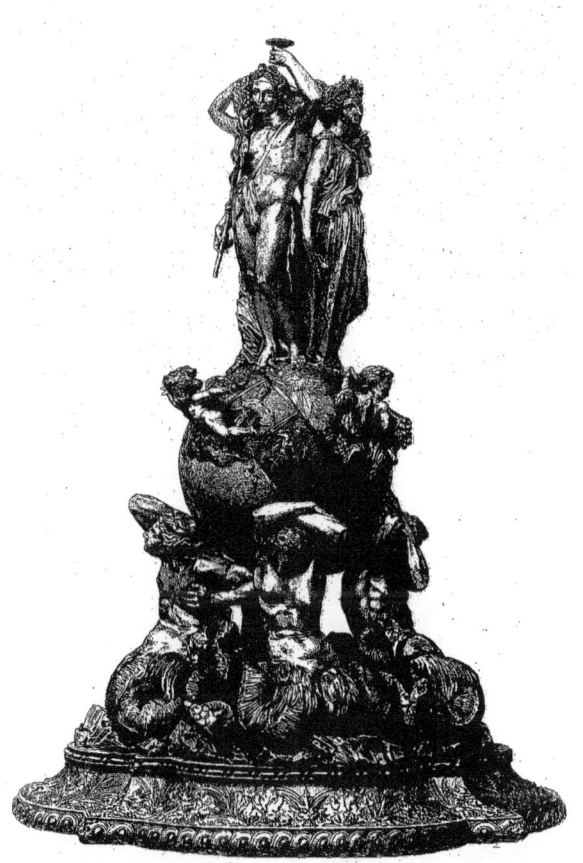

Surtout de table pour le Duc de Luynes

doivent rester uniques. La fonte était alors peu en usage pour ces œuvres exceptionnelles, et, il faut le dire aussi tout de suite, les orfèvres de cette époque étaient en même temps statuaires et ciseleurs.

Ils emboutissaient l'argent, ils le rétreignaient, le pétrissaient, si l'on peut dire ainsi, comme ils auraient pétri la cire ou la terre; la matière seule changeait, l'art et le talent restaient les mêmes.

On sait d'ailleurs comment s'exécute le travail du repoussé : on peut dire en deux mots que c'est un travail d'emboutissage et de rétreinte. C'est le marteau, c'est la bigorne. C'est à peu près enfin, dans l'art, le travail du chaudronnier dans la manufacture.

S'il s'agit par exemple d'un bas-relief à peu de saillie, la préparation de la plaque d'argent est simple et facile. Il suffit d'emboutir sur du ciment mou cette plaque d'argent, dont l'épaisseur ordinaire est celle d'une pièce de 25 centimes, et d'obtenir ainsi les reliefs, les saillies dont on pense avoir besoin. Ces reliefs obtenus, on retourne la plaque sur le même ciment, et l'on commence à l'endroit le travail de la ciselure.

Bien entendu, on revient au travail à l'envers chaque fois qu'il faut obtenir plus de saillie ou que la nécessité de nouveaux plans se fait sentir.

S'il s'agit au contraire d'un bas-relief à fortes saillies, dont certaines parties doivent être détachées, enlevées du fond, la difficulté augmente. Il faut, en effet, quand la saillie nécessaire est obtenue, séparer ces parties du fond auquel elles adhèrent et se réserver, malgré cette séparation, la possibilité de les ciseler en dessus et en dessous, comme si elles étaient en ronde bosse.

Mais, en matière de repoussé, la difficulté extrême consiste dans l'exécution d'une figure complètement en ronde bosse comme le sont ici, par exemple, les onze figures du groupe. On comprend, en effet, qu'il n'y a plus là ni fond ni point d'appui sur quoi on puisse s'établir. Il faut tout emboutir séparément, tout rétreindre, morceau par morceau, et réunir ensuite en les soudant tous ces morceaux épars.

On peut en apprécier le nombre, on peut apprécier la difficulté des assemblages et des soudures, si l'on se reporte aux lignes sinueuses et contournées que présentent les coutures d'une statue en plâtre obtenue par un moule à bon creux.

Il y a dans ce groupe telle figure qui n'a pas demandé moins de quarante plaques qu'il a fallu emboutir séparément, rétreindre, assembler et souder ensemble; telle main (car tous les doigts sans exception sont creux) où il a fallu dix ou douze pièces séparées.

On conçoit alors que de la bonne préparation par l'orfèvre dépend la bonne exécution de la ciselure. Le ciseleur échouerait, quel que fût d'ailleurs son talent, si la préparation était complète, car c'est toute montée, tout ajustée que l'orfèvre remet une figure au ciseleur.

Travail d'orfèvrerie, travail de ciseleur, il faut pour l'un et pour l'autre des mains habiles et exercées, et je ne finirai pas cette notice sans appeler l'attention de messieurs les membres du jury sur les artistes ou les ouvriers qui, dans mon atelier, se sont le plus particulièrement occupés de cette pièce [1].

L'Exposition de 1851, à Londres, fit reparaître une partie de ce que Froment-Meurice avait exposé en 1849. Il y ajouta un *calice* en or pour le Pape, et que le rapporteur, M. d'Albert de Luynes, décrivait avec une visible estime :

> Dans cette belle pièce de bijouterie, la coupe est soutenue par des lys, des épis émaillés et des grappes de raisin en perles noires ; sur le fût, l'*Ecce homo*, saint Joseph et la Vierge, en relief, sont séparés par des émaux représentant la naissance de Jésus-Christ, la présentation au Temple et le crucifiement ; au pied, les trois Vertus théologales, ciselées en argent et en ronde bosse, séparées par trois émaux : Abraham et Isaac, la Manne et la Pâque. La composition, le travail de la ciselure et celui des émaux donnaient à ce calice un mérite proportionné à sa destination religieuse.
>
> ... On remarquait parmi les bijoux une *châtelaine* de style gothique, en argent, représentant « le départ d'un croisé prenant congé de sa dame sous un portique ogival : » l'écusson était en émail bleu, avec un chasseur et une chasseresse pour support ; des médaillons d'émail bleu ornaient la chaîne... Cet habile orfèvre envoyait encore un beau *bracelet* dans le style dit de la Renaissance, en or, émaillé de bleu avec des brillants ; une broche en forme de croix en émail noir, avec un saphir au milieu, des brillants aux branches et une guirlande de brillants soutenant un oiseau à corps de perles, avec les ailes, la tête et la queue en émail de très riches

---

1. Les collaborateurs désignés à l'attention du public étaient :
Le contremaître Babeur, entré dans la fabrique Froment-Meurice en 1844. « ... Si on veut songer à la division, à la variété infinie des travaux d'orfèvrerie, de bijouterie et de joaillerie, aux matières précieuses, aux pierreries, aux valeurs qu'on confie tous les jours aux mains des ouvriers, on verra que c'est là une grande responsabilité pour un contremaître... »
M. Wiese, ancien contremaître. Entré en 1839, comme ouvrier, à raison de 3 fr. 5o, en 1844, il gagnait 10 francs et il s'établissait à son compte, occupait bientôt vingt-cinq ouvriers, et ne travaillait que pour son ancien patron.
MM. Frémenteuil et Croville, ouvriers, qui, vingt ans avant, étaient entrés apprentis dans la maison.
M. Muleret, l'ancien chef de l'atelier de ciselure, Alexandre Daubergne, Fannière et Poux : les trois premiers avaient passé par l'atelier de Vechte ; le dernier était élève de Fauconnier. On sait que M. Fannière, associé avec son frère, a fondé une maison d'où sont sortis et sortent chaque jour les œuvres les plus élégantes, les plus soigneusement étudiées et rendues.
Enfin, M. Sollier, émailleur, dont le fils, je pense, est celui qui travaille aujourd'hui avec succès dans la même partie, et M. Justin Liénard, dessinateur-sculpteur dont le nom est bien connu.
M. Liénard obtint une médaille d'or ; MM. Babeur, Wiese et Sollier eurent une médaille d'argent ; MM. Muleret, A. Daubergne, Poux, Frémenteuil et Croville, des mentions honorables.

couleurs; un très beau *bracelet* dans le style du XVIe siècle, orné d'émeraudes, de perles et de rubis, un autre de rubis, avec une croix de rubis à centre de diamants, perles et or; deux très belles broches, encore de même style, composées en rubis, émeraudes et opales, avec une double frange de brillants; enfin un grand *œillet* en brillants et rubis...

Le jury international des métaux précieux était présidé par le duc de Luynes qui fut nommé rapporteur par acclamation [1]. Il demanda

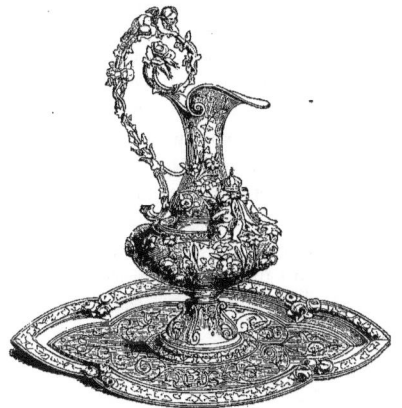

pour Froment-Meurice la grande médaille. Elle lui fut accordée sans discussion par le conseil des présidents.

Cette victoire, à laquelle applaudit la presse anglaise, était rem-

---

[1]. Il n'est point indifférent de donner la composition du jury de la classe XXIII : Works in precious metals, jewellery, articles of virtue, etc.
JURY. — Albert, duc de Luynes, *Chairman and Reporter*, France, member of Institute, etc.; Henry Hope, M. P., *Deputy chairman;*

portée dans un tournoi international où figuraient les premières maisons de l'Europe : les Elkington et les Hancook, de Londres; les Kaemmerer et Zeftigen, de Pétersbourg, les Morel et les frères Marrel de Paris. Elle empruntait en plus une importance particulière aux circonstances politiques. La révolution de Février avait surpris l'Europe, et, à ce moment, les institutions naissantes étaient loin de se consolider.

Ce succès, en venant se joindre à ceux d'autres industries, était fait pour rehausser l'éclat de la France et lui conquérir des sympathies. Il pouvait faire prévoir la cessation d'une crise cruelle pour les industries dont la prospérité découle strictement de la tranquillité des esprits, provoquer ces commandes qui rendent l'énergie aux fabricants, soulager les misères et calmer les imaginations surexcitées.

Froment-Meurice était en proie au découragement. Il n'avait cédé, lorsqu'il s'était agi de figurer à cette Exposition universelle de Londres, qu'aux instances des membres de la Commission organisatrice, et particulièrement à celles du duc de Luynes, qualifié à juste titre « le Mécène français », pour l'emploi si généreux, si patriotique, si intelligent qu'il faisait de sa fortune et de ses relations en achats, en commandes, en voyages archéologiques, en dons aux collections nationales, en rapports cordiaux avec l'administration républicaine.

Do Francisco Eloiza (Spain), Colonel of Artillery;
James Garrard, of the Goldsmiths' Company;
John Grey (5, Billiter square, City), Silversmith and Plater;
L. Gruner (Zollverein), Architect;
Carl Lovelace, Turquey;
Westley Richard (Birmingham), formerly Plater and Jeweller, Chairman of the Birmingham Exhibition in 1849;
Charles Sallandrouze de La Mornaix (France), Commissioner general of Government, member of Conseil of Manufactures and of Central Jury, etc.;
Robert Younge, Sheffield.
Associates. — William Thomas Brande (Royal Mint), professor of Chemistry;
Nicolas François Le Dagre, Judge of the Tribunal of Commerce of the Seine, and Member of the Chamber of Commerce at Paris;
George Methey, Metallurgical Chemist;
Percival Nata Johnson, Metallurgical Chemist;
Thomas Wesey, Setter of Diamonds.

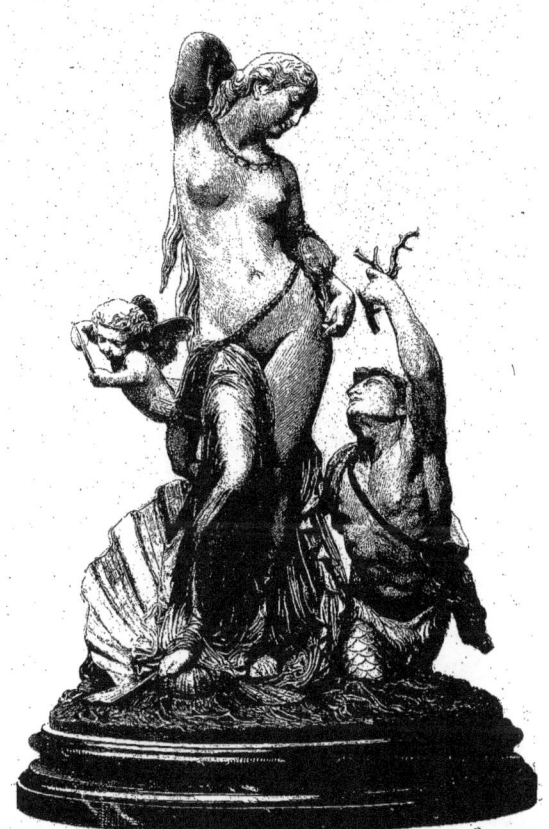

La toilette de Vénus.

Rajon.

Cette grande médaille fut pour cette nature tenace et active le prétexte à de nouvelles recherches et à de nouveaux efforts.

En 1851, fut exécuté dans ses ateliers un groupe de Pradier en matières associées : une *Léda* en ivoire, drapée d'or, écartant un cygne en argent oxydé. Debout, à demi penchée, au moment d'entrer au bain, à peu près complètement nue, elle n'a pas dépouillé ses bracelets et son collier et s'est fait une coiffure avec des feuilles aquatiques.

C'est vraisemblablement le duc de Luynes qui avait suggéré à Froment-Meurice ce retour à la statuaire chryséléphantine. C'était pour le noble amateur un essai de la restitution de la *Minerve du Parthénon,* qu'il allait confier au sculpteur Simart.

Cette tentative fut fort discutée. Les figures semblèrent lourdes, épaissies qu'elles sont par le peu de vibration d'une matière en quelque sorte inerte.

Pour ma part, je suis convaincu que la *Toilette de Vénus,* qui suivit la *Léda*, dut son succès plus franc à ce que la nudité y est moins complète et à ce que, la figure ayant plus de mouvement, les facettes lumineuses y sont plus fines et les reflets plus multipliés. L'ivoire est en soi une matière qui trompe l'artiste. Il ne restitue point tout ce qu'il lui confie. Il absorbe. Les jambes nues des femmes, dont le rendu a offert des difficultés même aux sculpteurs grecs, s'amollissent, les bras s'empâtent. Il est presque impossible de faire exprimer à l'ivoire l'action vive des doigts. L'ivoire ne « rend », comme disent les artistes, que sur les plans très simples : les hanches, les seins, les attaches du cou, les joues. Une statuette rien qu'en ivoire tournera au « bibelot ». Froment-Meurice, avec son tempérament d'orfèvre, le sentait bien. Aussi le voyons-nous multiplier les draperies de métal qui creusent des plis obscurs, les ornements qui accrochent la lumière au passage, tout ce qui peut réveiller l'attention en rompant l'unité de la surface polie et la fadeur du modelé.

La *Toilette de Vénus* était de Feuchères. Celui-ci, bien plus décorateur que Pradier, avait conçu sa figure dans un mouvement mieux combiné. Il jeta une draperie, maintenue par une bride coupant la poitrine, sur les reins du triton qui offre à la déesse une branche de corail. La coquille, plancher mouvant sous les beaux pieds de celle qui, éternelle génitrice des êtres, vient de naître de l'écume de la profonde mer, donne de l'ampleur à la base du groupe. Le romantique se rencontrait avec les maîtres de la Renaissance dans leurs plus heureux moments sans qu'on eût à lui reprocher aucun pastiche.

Mais nous voici brusquement interrompus!...

Au moment où le succès couronnait tous les efforts de ce travailleur que nous n'avons pas surpris un instant pliant sous le travail, et à peine, en 1851, près de sacrifier au découragement; au jour même où l'Exposition universelle de 1855 allait assurer à sa maison une importance et une supériorité sans conteste, le 17 février 1855, François-Désiré Froment-Meurice succombait à un épanchement au cerveau, au milieu de sa famille éperdue, de ses amis stupéfaits d'une telle ironie du sort!

... Il y a huit jours, écrivait Jules Janin dans les *Débats,* Froment-Meurice, à la veille de la grande Exposition, au moment le plus heureux de sa vie et de sa fortune, entouré d'honneurs et d'enfants grands et petits, adoré d'un monde d'ouvriers dont il était le père et le camarade à la fois; bon, intelligent, dévoué, heureux de vivre, et si content dans cette vie à part, où se mêlent et se confondent les joies de l'ouvrier, les joies de l'artiste et les joies du commerçant, il rentre chez lui, et le voilà mort! A peine a-t-il le temps de dire adieu à sa femme, à ses enfants, à ses amis, à son père, à sa mère, à son frère, à son gendre au désespoir....

Et plus loin :

Ouvrez le livre de ses pratiques, et vous y trouverez les plus grands noms de l'Europe. Son œuvre est partout: au Vatican, sur la table du Pape; de lui aussi est l'ostensoir de la chapelle de notre Saint-Père. Le bouclier de Froment-Meurice appartient à l'empereur de Russie; la reine Victoria possède de ce grand ouvrier une aiguière, et le prince Albert un couteau de chasse. A Parme, il a laissé sa toilette, au comte de Paris un coffret en fer ciselé; il a fait la parure de mariage de Mme la duchesse de Montpensier. Pour M. de Rothschild, Froment-Meurice a ciselé des candélabres dignes d'éclairer le château de Choisy; pour M. le duc de Luynes, il a dressé un admirable service de table avec ce petit adage latin: « Sans Bacchus et sans Cérès, adieu Vénus! » car un rien l'inspirait; il était toujours à la recherche de toutes choses, et de toutes choses il faisait son profit. Un jour qu'un de ses plus riches bracelets avait accroché la dentelle d'une dame et l'avait même blessée au bras: « O malheureux! lui dit-on, vous voilà aussi maladroit que cet orfèvre dont il est parlé dans l'*Iliade*. — Et que dit-elle, votre *Iliade?* reprit Froment-Meurice en riant à demi. — Elle dit qu'il ne faut pas qu'un bracelet ressemble à un cent d'épingles. Écoutez plutôt l'ironie de Minerve à Jupiter quand Vénus vient se plaindre d'avoir été blessée par Diomède: « O Jupiter ! ras-« sure-toi, ce n'est rien, cette blessure de Vénus. Sans doute, comme elle amenait « à Troie une belle Grecque richement vêtue, elle aura heurté sa main contre une « agrafe d'or et se sera fait cette blessure. » — Ah! maladroit que je suis ! s'écria Froment-Meurice. » Six mois après, il avait fabriqué le merveilleux bracelet de l'exposition de 1844...

Cher Froment-Meurice, ajoutait Janin, il riait si volontiers, il entendait si bien la plaisanterie, avec tant de bonne grâce! Il aimait tant les beaux poèmes, les belles-lettres et les poètes. — Il était si complètement un des nôtres, avec tant de bonne humeur, de gaieté, d'intime contentement!...

C'est à la suite de ces mots : « Il était si bien des nôtres, » qu'il faut placer les vers exquis et profonds commençant par : « Nous sommes frères... », l'odelette toute ronsardisante qu'un jour M. Victor Hugo avait adressée à « M. Froment-Meurice [1] ».

> *Nous sommes frères : la fleur*
> *Par deux arts peut être faite.*
> *Le poète est ciseleur,*
> *Le ciseleur est poète.*
>
> *Poètes ou ciseleurs,*
> *Par nous l'esprit se révèle;*
> *Nous rendons les bons meilleurs,*
> *Tu rends la beauté plus belle.*

---

1. *Les Contemplations.* Livre I, *Aurore.*

Sur son bras et sur son cou
Tu fais de tes rêveries,
Statuaire du bijou,
Des palais en pierreries !

Ne dis pas : Mon art n'est rien...
Sors de la route tracée,
Ouvrier magicien,
Et mêle à l'or la pensée !

Tous les penseurs, sans chercher
Qui finit ou qui commence,
Sculptent le même rocher.
Ce rocher, c'est l'art immense.

Michel-Ange, grand vieillard,
En larges blocs qu'il nous jette,
Le fait jaillir au hasard ;
Benvenuto nous l'émiette.

Et, devant l'art infini
Dont jamais la loi ne change,
La miette de Cellini
Vaut le bloc de Michel-Ange.

Tout est grand. Sombre ou vermeil,
Tout feu qui brille est une âme.
L'étoile vaut le soleil ;
L'étincelle vaut la flamme.

Paris, 22 octobre 1841.

Parmi les regrets éloquents qui abondèrent dans la presse, détachons ces lignes d'un feuilleton de Théophile Gautier.

... Froment-Meurice, frère de Paul Meurice, le poète, le dramaturge et le publiciste distingué, qu'un autre deuil vient encore de surprendre, se rattachait à ce grand mouvement romantique qui, vers 1830, renouvela en France la face de l'art et fit éclore des pléiades de poètes et d'artistes, comme la Renaissance au XVIe siècle. L'orfèvrerie avant cette époque ressemblait aux vers de tragédie : froide, luisante, polie et banale, elle reproduisait les vieilles formes pseudo-classiques, et les surtouts qu'elle produisait auraient pu servir à la table d'Astrée pour manger des alexandrins de Crébillon; les pierreries s'enchâssaient dans des moulures plates ou des grecques symétriques auxquelles suffisait la main de l'ouvrier; l'argenterie affectait le genre anglais, c'est tout dire... Dans ce groupe éclatant de poètes, de peintres, de sculpteurs, de musiciens, Froment-Meurice, et c'est un grand honneur, sera l'orfèvre; il cisèle l'idée que cette forte génération a chantée, peinte, creusée, modelée; il apporte au trophée de l'art du XIXe siècle une couronne aux brillantes feuilles d'or, aux impérissables fleurs de diamant. Victor Hugo, dans une odelette charmante, l'a « appelé le statuaire du bijou »; Balzac, le Dante de la *Comédie humaine*, ne manque jamais d'attacher au bras de ses grandes dames ou de ses courtisanes, de ses duchesses de Maufrigneuse et de ses Aurélie Schartz, un bracelet de Froment-Meurice.

Ce serait un long travail que de récapituler les œuvres nombreuses qui ont valu à Froment-Meurice la réputation qu'il laisse... Il a su varier à l'infini la création fantasque du monde de l'ornement où la femme jaillit du calice de la fleur, où la chimère se termine en feuillage, où la salamandre se tord dans un feu de rubis, où le lézard d'émail fuit sous les herbes d'émeraude, où l'arabesque embrouille à plaisir ses entrelacs et ses complications; il a fait onduler, sous des néréides d'argent aux cheveux d'or vert, des flots de nacre, de burgau, de perles et de corail; sous les pieds des nymphes terrestres, il a mis un sol de diamants, de topazes et de pierres fines; aux pampres de métal il a mêlé des vendangeurs d'ivoire, enchâssé dans ses tabatières des miniatures de moissonneurs, et fait de sa boutique un antre étincelant comme la caverne d'Aladin, le trésor du calife Haroun-al-Raschid, le puits d'Aboulcasem ou la voûte verte de Dresde.

Froment-Meurice n'a pas beaucoup exécuté par lui-même, quoiqu'il maniât avec beaucoup d'adresse l'ébauchoir, le ciselet et le marteau. Il inventait, il cherchait, il dessinait, il trouvait des combinaisons heureuses; il excellait à diriger un atelier, à souffler son esprit aux ouvriers. Son idée, sinon sa main, a mis un cachet sur toutes ses œuvres. Comme un chef d'orchestre, il inspirait et conduisait tout un monde de sculpteurs, de dessinateurs, d'ornemanistes, de graveurs, d'émailleurs et de joailliers : car l'orfèvre aujourd'hui n'a plus le temps de ceindre le tablier et de tourmenter lui-même le métal pour le forcer à prendre des formes nouvelles. Pradier, David, Feuchères, Cavelier, Préault, Schœnwerk, Pascal, Rouillard ont été traduits en or, en argent, en fer oxydé, par Froment-Meurice. Il a réduit leurs statues en épingles, en pommes de cannes, en candélabres, en pieds de coupes, les entourant de rinceaux d'émail et de fleurs de pierreries, faisant tenir à la Vérité un diamant pour miroir, donnant des ailes de saphir aux Anges, des grappes de rubis aux Érigones. Du reste, il ne cherchait à absorber la gloire de personne, sachant que la sienne lui suffisait, et aux expositions il indiquait loyalement les noms de ses collaborateurs, artisans ou artistes...

Ces dernières lignes font allusion à un bruit méchant que, quelques mois plus tard, à propos de l'Exposition de 1855, Gustave Planche allait publiquement exagérer. Avant de nous en occuper, réimprimons encore quelques lignes d'un homme que sa loyauté honora autant que sa solide instruction ; Ferdinand de Lasteyrie les avait écrites dans le *Siècle* (27 mars 1855), au milieu d'un article de critique biographique des plus sérieux.

... De pareilles œuvres font époque dans l'histoire de l'art [1]. — Et combien d'autres de moindre importance Froment-Meurice ne laisse-t-il pas après lui!... Nul n'a prouvé mieux que lui que l'art avait partout sa place. C'est surtout dans les œuvres, si futiles en apparence, de la bijouterie qu'il apportait une recherche, une délicatesse et une grâce d'exécution oubliées depuis plusieurs siècles. Sous tous ces rapports, Froment-Meurice a puissamment contribué à vulgariser le bon goût en France. C'est un de ses mérites les plus incontestables.

Mais, on le comprend, le chef d'une aussi grande industrie ne peut tout faire par lui-même : sa part principale, à lui, c'est la conception d'abord, et puis la direction, l'ensemble des travaux. De là, quelques envieux en sont venus à dire que le mérite des œuvres de Froment-Meurice ne lui appartenait pas en propre. Froment-Meurice, effectivement, n'a pas pu, de ses mains, modeler tous les groupes, ciseler toutes les figures, monter toutes les pièces dont se composent tant de productions justement admirées. Il a eu de nombreux, d'éminents collaborateurs, et l'une de ses plus remarquables qualités fut précisément l'exquise délicatesse avec laquelle, en toute occasion, il cherchait à faire valoir les artistes distingués, les artisans habiles dont il s'était assuré le concours, tels que MM. Jean Feuchères, Jules Cavelier, Rouillard, Justin, Wetche, Muleret, Fannière, Sollier, Liénard, etc. Mais à ceux qui pourraient croire que le seul talent de Froment-Meurice était celui, déjà fort grand, de mettre en œuvre de pareils hommes, il suffira de rappeler, comme l'ont fait à plusieurs reprises les rapporteurs du jury, que la très-grande majorité des œuvres sorties de ses ateliers avaient été non seulement conçues, mais entièrement composées par lui ; que, parmi les plus admirées, plusieurs avaient été sculptées, ciselées et terminées de ses propres mains.

Un fait caractéristique est venu prouver, il y a quelques années, la part qui revenait légitimement à Froment-Meurice dans la production de ses chefs-d'œuvre. Un artiste fréquemment employé par lui, qui s'était placé au premier rang comme ciseleur, et qui venait d'être décoré comme tel, eut la faiblesse de céder aux offres

---

1. On trouvera cet article et plusieurs autres non moins importants dans une brochure dont voici l'indication bibliographique : FROMENT-MEURICE, *Rapports officiels des jurys :* MM. d'Albert, duc de Luynes, Héricart de Thury, Denière, Wolowski; *Revues et journaux :* MM. Victor Hugo, Jules Janin, Théophile Gautier, F. de Lasteyrie, A. de Calonne. — Paris, imprimerie Simon Raçon et Cie, rue d'Erfurth, 1. 1855.

considérables que lui faisait Mortimer, l'orfèvre de la reine d'Angleterre. C'était avant l'Exposition de Londres. Privé de son meilleur soldat, Froment-Meurice n'en aborda la lutte qu'avec plus de résolution, et l'on sait quel triomphe il obtint malgré l'appoint que l'artiste transfuge avait apporté à son rival d'outre-mer.

Si quelque chose pouvait donner une idée exacte du caractère et du talent de Froment-Meurice, c'était de le voir composer. Quel feu! quelle vivacité d'intelligence! Il improvisait avec le crayon comme Lamartine avec la plume. Et quelle facilité à s'approprier toutes les idées! quelle complaisance à satisfaire tous les désirs!

Jamais personne ne fut plus passionné pour son art. Chez lui, il eût volontiers tourné le dos à un millionnaire qui venait pour acheter des parures en diamants, pour causer plus librement avec un humble amateur qui venait le trouver sans autre but que le plaisir d'admirer ses ouvrages. Et si cet amateur lui soumettait une idée, s'il voulait avoir de ses œuvres, comme le digne artiste accueillait cette idée avec sympathie! comme il cherchait ingénieusement à mettre son art, malheureusement si dispendieux, à la portée de la pauvre bourse de l'amateur!

Froment-Meurice était profondément bon. Il avait le cœur chaud et dévoué, et pour peu qu'on le connût, il était impossible de ne pas aimer l'homme autant qu'on admirait l'artiste. Je ne puis me rappeler sans émotion le jour de ses funérailles. Il venait d'être enlevé, avec la rapidité de la foudre, à l'apogée de ses succès et de son talent. Autour de sa famille écrasée de douleur, je ne sais pas s'il y avait beaucoup d'illustrations; mais ce que j'ai vu, ce qui m'a profondément attendri, c'est cette foule compacte d'hommes au front intelligent, aux mains brunies par le travail, dont la noble et mâle physionomie trahissait, ce jour-là, une douleur si vraie et si profonde. C'étaient ses collaborateurs, ses amis, ses enfants; c'était son armée, à lui, le vaillant général qui avait remporté tant de victoires pacifiques. L'émotion de pareils hommes est le plus sincère éloge, le plus éloquent panégyrique de celui qu'ils regrettent et dit assez ce qu'il fut pour eux.

Froment-Meurice laisse un fils, bien jeune encore, mais plein de courage et jaloux de recueillir l'héritage de ses talents. Par les soins de ce fils et de sa digne mère, nous verrons bientôt les dernières œuvres du célèbre orfèvre. L'Exposition universelle qui va s'ouvrir nous montrera les efforts suprêmes qu'il avait faits pour maintenir la suprématie de l'art français dans cette nouvelle épreuve.

※

L'Exposition universelle de 1855 s'ouvrit. Voici, sans y comprendre les pièces antérieures qui avaient déjà produit leur impression, les principaux morceaux soumis au jugement du public et de la critique.

Un *bracelet* avec sujet Renaissance au centre, en argent ciselé, exécuté en 1853, ainsi que les morceaux suivants: Une *cafetière* en orfè-

vrerie niellée. Une *coupe* en argent ciselé, sur les bords de laquelle
étaient posés deux hérons aux ailes battantes, œuvre originale et élégante.

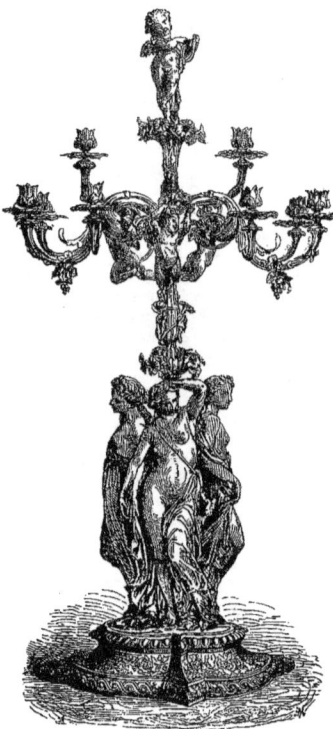

Un *ciboire* offert par la comtesse Przezelziecka à une église de Pologne. Un *couteau de chasse,* dont la poignée représente un braconnier pris par la jambe dans un piège à loup et hurlant de douleur (1854).

Un *candélabre* d'argent repoussé faisant partie du surtout de table du duc de Luynes, soutenu par trois bacchantes debout et adossées.

Une *coupe,* l'Hiver, faisant partie aussi du service de ce Mécène français, entièrement aussi en argent repoussé; la figure de l'enfant nu et frileux, qui s'entortille dans une couverture, est d'une naïveté charmante. Un autre *candélabre* monumental, trois danseuses. Enfin la pièce centrale, *Sine Cerere ac Baccho*, que nous avons décrite déjà.

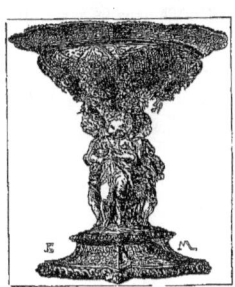

Une *Bacchante* dansant sur des raisins, la main appuyée sur l'épaule d'un satyre, aux sons d'une flûte à dix trous dans laquelle souffle un enfant capripède. C'est un groupe en ivoire et argent, dans le goût de la *Léda* et de la *Toilette de Vénus*. Il avait été commandé par le prince Demidoff.

Une *crosse* exécutée pour l'évêque d'Amiens; dans la châsse supportée par la volute inférieure de la crosse, était enfermée une relique de sainte Théodosie. Cette œuvre d'un style très pur montre avec quel soin l'orfèvre parisien se tenait au courant des progrès de l'archéologie.

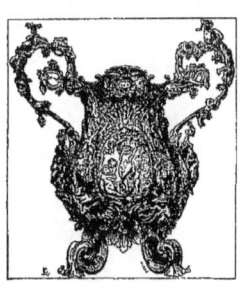

Un *triptyque* avec parties vivement dorées, feuillages émaillés de vert, grappes de raisin en perles fines. Les panneaux à l'intérieur étaient peints et à l'extérieur étaient en bas-relief d'argent, à sujets sacrés. Sur la terrasse étaient assis les quatre Évangélistes.

Un *bracelet* somptueux, exécuté pour Mme Isaac Pereire; au centre, deux figurines émaillées accostaient une énorme émeraude à bords rabattus; des perles de formes diverses en augmentaient encore la richesse.

Là encore se revoyait le si charmant rafraîchissoir exécuté en argent pour M. Sabattier d'Espeyran.

Enfin un bijou émaillé, une *pendeloque*, avec perles, l'œuvre capitale de Froment-Meurice. Il est actuellement dans les écrins de la reine d'Espagne, après avoir appartenu à Mme Charlier. La chromolithographie qu'en a peinte M. Praslon [1] et qu'a tirée M. Engelmann donne une exacte idée de sa délicatesse et de sa saveur élégante. Je l'ai eu pendant plusieurs semaines dans les mains, je ne pouvais que l'admirer. Il supporterait parfaitement la comparaison avec les bijoux de la Renaissance dont il évoquait le souvenir, mais qu'il ne pastichait en rien. Les figurines s'enlevaient finement sur le paillon vert des roseaux. Le camée qui occupe le centre de la composition était bien en place. Les perles étaient grises. Çà et là des points de rubis avivaient un détail. Le voici en Espagne. Que n'est-il entré dans nos collections nationales ! Il y perpétuerait le souvenir d'un des plus intelligents efforts pour ramener à l'emploi des vives colorations notre industrie qui a si souvent des tendances à s'en éloigner et que ne pousse point à la recherche du décoratif l'enseignement pseudo-romain qu'on distribue dans nos écoles.

La presse fut extrêmement favorable. Dans le public l'applaudissement était unanime, lorsque Gustave Planche publia dans un numéro de la *Revue des Deux-Mondes* un long article, *l'Orfèvrerie et l'Ébénisterie à l'Exposition universelle de* 1855. Ce que cette prose avançait de propositions solennelles et creuses, nous l'aurons fait connaître par ces simples phrases du début :

---

[1]. Une première chromolithographie avait été exécutée par Régamey père. Tout le tirage en a été égaré. M. Praslon a bien voulu recommencer cette tâche, rendue difficile par l'absence de l'original. Il l'a fait, et il s'en est tiré avec un remarquable talent. Rien n'est omis, ni du dessin, ni des tons.

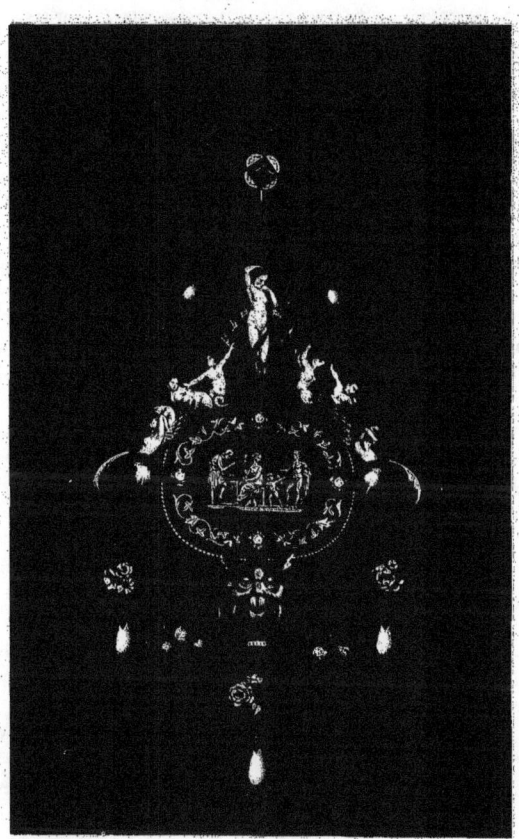

Pendant émaillé
Exécuté en 1855

Il y a dans l'industrie trois professions qui relèvent directement des arts du dessin : l'ébénisterie, l'orfèvrerie et les bronzes. Il serait facile, sans doute, d'appliquer aux œuvres de ces trois professions les principes que nous avons posés, et dont nous espérons avoir établi l'évidence. Ce que nous avons dit de la peinture et de la sculpture demeure vrai lorsqu'il s'agit de juger la forme humaine réalisée par le chêne, le cuivre et l'argent. Cependant, comme les objets de luxe qui appartiennent à ces trois catégories sont généralement estimés avec une singulière complaisance, comme les questions de goût sont généralement négligées lorsqu'il s'agit d'en déterminer la valeur, il nous semble utile... etc., etc. »

Pourquoi les trois professions qui « réalisent la forme humaine par le chêne, le cuivre et l'argent », relèvent-elles seules directement des arts du dessin ? On se demande bien d'autres choses au courant de la lecture de cet article, où les aveux des mérites sont constamment atténués par des réticences bourrues. Nous ne nous arrêterons qu'aux paragraphes consacrés aux vitrines de Froment-Meurice ; ils témoignent d'une mauvaise volonté visiblement préconçue. Je ne veux pas un instant faire allusion à l'avidité qu'ont reprochée à Planche ses contemporains. Il n'est plus là pour s'en défendre, et c'est une calomnie courante contre les critiques. Je le crois bien plutôt poussé par un artiste chagrin de caractère, aigri par des déceptions.

«... Des amis complaisants, continuait Gustave Planche, des flatteurs plus ou moins désintéressés, ont comparé M. Froment-Meurice à Benvenuto Cellini. Il y a dans cette comparaison une double méprise. Benvenuto faisait par lui-même ce qu'il signait de son nom, et les œuvres composées, exécutées par lui-même, sont demeurées comme des modèles d'élégance et de finesse.... » Il y aurait à répondre à M. Planche qu'il exagérait singulièrement les termes : certes ses contemporains avaient tort de rappeler une figure historique aussi lointaine, mais le nom de Cellini était passé à l'état de substantif exprimant « l'orfèvre » et de qualificatif exprimant « l'excellence ».

En réalité, il nous est trop peu parvenu d'orfèvrerie authentique de Benvenuto pour qu'on puisse l'élever sûrement au-dessus de ses contemporains, les Caradosso et autres. Il s'est surtout terriblement vanté d'être le « premier », dans ses *Mémoires* où la critique moderne discerne beaucoup de hâblerie [1]. La *Salière* du trésor de Vienne, bien authentique celle-là, est une œuvre passablement médiocre, mal composée, pleine de concetti, couronnée par deux figures qui se renversent, détruisent l'équilibre et sont hors de toute proportion. De plus, Benvenuto avait un atelier, des élèves qui continuaient, à Paris notamment, pendant qu'il était absent, et qui livraient en son nom des œuvres qu'il n'avait ni conçues, ni touchées, ni vues.

Mais passons encore la plume à M. Planche. La question se précise :

> Or, si M. Froment-Meurice a signé de son nom des châtelaines, des agrafes, des salières élégantes, les hommes de métier savent très bien que ces pièces d'orfèvrerie n'ont été ni conçues ni exécutées par lui. Il a fourni le métal et acheté le travail d'autrui. C'est là toute la part qui lui appartient. Quand il s'est adressé à MM. Feuchères et Klagmann, il a réuni de nombreux suffrages; lorsqu'il a eu recours à des artistes moins habiles, il n'a pas obtenu le même succès, mais il n'a jamais pu compter sur lui-même pour soutenir le crédit de son nom. Je n'ai cité que MM. Feuchères et Klagmann; j'en pourrais citer bien d'autres, moins connus du public et doués cependant d'un talent réel. Cette méprise n'a que trop duré; il est temps de rétablir les faits dans leur vérité...

On va lire à l'instant la réponse qui fut faite par les intéressés, c'est-à-dire par les artistes, à cette accusation grossière en elle-même, inacceptable sur ce ton calomnieux s'adressant à un mort, dans une revue dont l'autorité et la publicité étaient considérables.

Je continue. Les citations sont typiques.

> Je n'ai rien à dire des diamants, des rubis et des émeraudes qui ornent sa vitrine. L'art proprement dit n'a pas grand'chose à voir dans la sertissure de ces pierres

---

[1]. Nous ne pouvons renvoyer plus à propos à un livre qui clôt la question. M. Eugène Plon vient de terminer et a livré au public des amateurs un travail sur *Benvenuto Cellini* qui ne laisse prise à aucune critique. L'auteur établit qu'on ne connaît, sauf les statues et la *Salière*, à peu près rien de sorti authentiquement de la main, ni même de l'atelier de l'orfèvre florentin.

précieuses. Le talent de lapidaire, qui certes a bien sa valeur, n'est pas de ma compétence... Je me contenterai d'examiner dans la vitrine de M. Froment-Meurice les morceaux où le dessin joue le principal rôle...

Suivaient deux ou trois pages des plus sévères contre toutes les figures exposées, en ivoire ou en métal. Nous n'en contestons point la légitimité. Nous voulons croire qu'elles ne faisaient point partie d'un plan de campagne dicté dans la coulisse par un mécontent. Mais conçoit-on un critique de profession qui donne pour titre à son article de fond : « L'Orfèvrerie », et qui ne constate point la présence de l'art dans la sertissure ancienne ou moderne des pierres précieuses ?

En effet, Gustave Planche était de son époque, ou au moins appartenait au groupe des classiques de son temps, si hautains, si détachés des familiarités de la vie ! Il a fallu l'effort considérable de la critique romantique et de la critique contemporaine pour faire admettre, sinon au même rang, au moins dans la même famille « la miette de Cellini et le bloc de Michel-Ange ».

Il a fallu aussi la série des expositions organisées par une société privée, par l'*Union centrale des Beaux-Arts appliqués à l'Industrie*, pour habituer le public, que dévoyaient des doctrines surannées, à ce spectacle d'œuvres conçues et exécutées par des artistes d'élite qui subordonnent sans cérémonie leur imagination, leur science acquise, leur goût, leur adresse à la réalisation d'un programme imposé par les conditions rigoureuses de l'industrie. M. Planche écrivait « qu'il faudrait mettre le travail manuel sous la direction de la pensée, n'employer les ouvriers qu'après avoir pris conseil d'un peintre ou d'un sculpteur ». C'est de la déclamation pure. La conséquence rigoureuse serait que le peintre ou le sculpteur (ce « ou », par parenthèse, n'est point du tout indifférent dans la pratique de l'orfèvrerie) devraient se faire eux-mêmes fabricants. Nous en avons, des sculpteurs fabricants. Les frères Fannière, anciens collaborateurs de

Froment-Meurice, travaillent pour leur compte de leur outil. S'ensuit-il qu'ils n'aient point de collaborateurs, et s'ensuit-il qu'à côté des pièces merveilleuses qu'ils ont repoussées ou ciselées ils n'aient pas simplement surveillé, à leurs côtés, le repoussage d'une théière ou la ciselure d'une salière? Ces objets, — rigoureusement de seconde main, — n'en sont-ils pas moins d'eux, et la division du travail est-elle tellement importante aux yeux du public qu'il exige la signature du ciseleur, celle du repousseur, celle de l'émailleur, après celle de MM. Fannière? N'auront-ils pas conservé le droit de revendiquer la somme d'inspiration et de métier qui règne dans leur maison et qui est une émanation à la fois générale et précise, manifeste dans l'ensemble, accentuée dans le détail, de leur personnalité d'artistes?

Eh bien, ces signatures, dont le public n'a cure parce qu'il a le sens plus fin que ne l'avait M. Planche, l'*Union centrale* les a exigées autant par esprit d'équité que pour aider à l'émancipation générale des talents. Jamais aucun des fabricants qui se rendent à l'appel de ses expositions ne s'est soustrait aux questions des jurys. Il s'est même produit ce phénomène singulier que, dans l'arrangement de l'ordre des médailles, des collaborateurs en obtenaient d'un ordre supérieur à celle de leur patron!

Et qui les avait offertes le premier, ces signatures isolées, ces brevets individuels? C'est précisément Froment-Meurice, à une époque où ni le public, ni la critique, ni les artistes n'y songeaient. On peut le voir en feuilletant en arrière ce livre, en se reportant aux extraits des rapports des jurys, en relisant les notices nécrologiques de Jules Janin, de Théophile Gautier, de Ferdinand de Lasteyrie, d'Albert de Luynes, d'autres encore.

L'attaque était trop grave pour ne pas attirer une riposte immédiate. Dans le numéro du 1ᵉʳ décembre 1855, la *Revue des Deux-Mondes* insérait une lettre rectificative de M. Paul Meurice :

Monsieur,

Je lis dans le numéro du 15 novembre de la Revue des Deux-Mondes *un article intitulé* l'Orfèvrerie a l'Exposition *et signé Gustave Planche. Cet article contient sur Froment-Meurice, mon frère, mort il y a quelques mois à peine, des allégations de faits qui veulent un démenti. Je laisse entièrement de côté, dans les pages de M. Planche, les critiques qui pourraient toucher le talent de l'artiste chez mon frère; mais c'est mon devoir et par conséquent mon droit de relever les attaques qui voudraient atteindre le caractère de l'homme.*

M. Planche reproche à M. Froment-Meurice « d'avoir signé de son nom des châtelaines, des agrafes, des salières élégantes, quand des gens du métier savent très bien que ces pièces d'orfèvrerie n'ont été ni conçues ni exécutées par lui ». — Je vous adresse, Monsieur le Directeur, les extraits des rapports des jurys de 1844, 1849 et 1851; ils constateront suffisamment dans les pièces exposées par Froment-Meurice la part d'invention ou d'exécution qui lui revient, et je n'ai pas à insister sur ce point. Mais M. Planche ajoute : « Qu'un fabricant bien achalandé néglige de nommer les artistes qu'il emploie, qui font la source de sa richesse, je ne l'approuverai pas; mais qu'il se laisse donner pour l'auteur des œuvres qui ne sont pas sorties de ses mains, c'est un fait plus grave encore, et qui doit être plus sévèrement qualifié. J'aime à croire que le fils de M. Froment-Meurice suivra une autre méthode pour établir sa réputation. »

(Suivaient des extraits des rapports que nous avons cités.)

Voici en outre, Monsieur, une protestation qu'ont signée spontanément tous les collaborateurs de Froment-Meurice :

Nous soussignés, statuaires, sculpteurs, dessinateurs, ciseleurs, émailleurs, contre-maîtres et ouvriers, — tous collaborateurs de M. Froment-Meurice, nous regardons comme un devoir et nous faisons une joie d'attester que, non seulement M. Froment-Meurice n'a en aucun temps négligé de nommer ceux qu'il associait à son œuvre, mais qu'il s'est toujours et partout attaché à marquer la part et à faire ressortir le mérite de chacun de nous dans le grand ensemble de travaux qu'il dirigeait [1].

Ont signé : MM. Geoffroy Dechaumes, veuve Feuchères (pour feu Jean Feu-

---

[1]. C'est, si j'en juge par l'écriture et par le style, un homme d'une intégrité notoire, l'éminent et original sculpteur Auguste Préault, qui rédigea cette protestation si digne dans les formes et si convaincante. Nous donnons la liste en fac-similé. Elle contient quelques noms nouveaux, quelques signatures postérieures sans doute à la communication qui en avait été faite au premier moment à M. Paul Meurice.

chères), Jules Cavelier, Liénart, A. Préault, Rouillard, Jacquemart, Soitoux, Fannière, sculpteur. — Muleret, Wiese, Rambert, Riester, Sollier, Lefournier, Honoré, Grisée, Babeur, Colter, Meyer, Daubergue, Poux, Fannière, ciseleur, Crosville, Frémonteil.

M. Paul Meurice renvoyait aux extraits de journaux auxquels nous avons nous-même puisé. Il terminait par ces mots concis et déterminants dans leur impérieuse justice :

Maintenant, et pour toute conclusion, Monsieur le Directeur, je veux me borner à renvoyer à M. Planche ses propres phrases avec quelques variantes : Qu'un critique mal renseigné néglige de s'informer du vrai et du juste, je ne l'approuverai pas ; qu'il se laisse aller à calomnier la mémoire d'un homme honoré de tous, c'est un tort plus grave encore et qui doit être plus sévèrement qualifié. J'aime à croire que tous les gens de cœur appliqueront à M. Planche cette qualification sévère que ce tort grave appelle.

A l'occasion de cet incident, Mme Vve Froment-Meurice reçut encore ce billet de David d'Angers, déjà frappé par la paralysie, mais toujours généreux et ardent :

Madame,

J'ai profondément regretté l'homme distingué enlevé si prématurément aux arts qu'il honorait à la fois par son talent et son caractère, et je m'associe à votre légitime douleur de le voir méconnu. Soyez pourtant persuadée, comme moi, que ce jugement si pénible n'est que le résultat d'une erreur. J'ai maintes fois admiré chez M. Froment-Meurice les beaux et nombreux ouvrages sortis de ses ateliers ; je puis affirmer que dans les choses même les plus simples il rendait à chaque exécutant la part qui lui était due et n'oubliait pas les modestes travaux des ouvriers les plus obscurs. N'avait-il pas assez de son propre mérite sans chercher à amoindrir celui des autres ?

Agréez, je vous prie, Madame, mes respectueux hommages.

DAVID, D'ANGERS [1].

---

[1]. Ce billet est inédit. Il ne figure pas dans la correspondance, d'ailleurs si complète, du grand sculpteur, publiée par M. H. Jouin.

Je vous envoie, Madame, la lettre de M. David; s'il n'a pu l'écrire, il l'a au moins dictée, et pour une signature de main gauche le nom est assez lisible; il vous laisse toute liberté d'en user comme vous l'entendrez, heureux s'il peut aider en quelque chose (tout mal sonnant que soit aujourd'hui son nom) à la réhabilitation d'un homme qu'il aimait et estimait sincèrement.

Agréez, Madame, l'assurance de ma considération très distinguée.

E. David, d'Angers.

Gustave Planche répondit mollement. Il eût mieux fait de se taire complètement. Probablement il fut tancé par le directeur du recueil qui ne devait point trouver plaisante cette aventure de son critique attitré. Planche prétendit n'avoir jamais eu connaissance des rapports. Qui le poussait alors à écrire sur une matière à laquelle il était si peu préparé? Il revint sur le « Benvenuto Cellini » avec la grâce qu'il apportait à ses ironies, battit les buissons à propos de « la petite ode heptasyllabique » de Victor Hugo, dont le rayonnement l'aveuglait. Il inventa, ce que l'on n'a connu ni avant ni après lui, un orfèvre « inspirateur » et un orfèvre « modeleur ».

Il faut en rire.

Mais une phrase est par trop cruelle pour le bon sens! Celle-ci lui était inspirée par la mauvaise digestion des questions socialistes qu'il entendait discuter autour de lui par des esprits d'une autre trempe que le sien. « ... Il s'agit d'estimer le travail présent et non le travail accumulé. Un fabricant habile est amplement rémunéré par les profits qu'il recueille. S'il réussit, il s'enrichit, et pour lui la richesse est une récompense suffisante. » Éliminer le fabricant supérieur de la haute récompense, de celle qu'acclament le pays et le public, que souligne l'État par la décoration, et cela dans une société démocratique, chez un peuple laborieux, dans un temps d'effort intellectuel comme le nôtre, c'est aller à l'envers de toutes les lois qui nous dominent. Présentée de cette façon, l'idée que l'artiste est un être d'élection capable de réaliser toute conception en dehors du centre social qui impose les modes, du fabricant qui les contrôle, les régularise et les élève bien plus qu'il n'en est l'esclave, est une idée enfantine.

Dans l'espèce, c'était une sottise. Planche seul ignorait ou feignait d'ignorer que celui dont nous venons d'esquisser la carrière vouée à l'art simultanément avec le commerce, était un ouvrier que son travail, son talent et sa loyauté avaient amené à une position applaudie et enviée.

Nous ne voulons point équivoquer. Au moment de quitter la plume, nous n'admettrons point que le moindre sous-entendu voile notre pensée. Nous voulions montrer en Froment-Meurice l'inventeur de bijoux qui répondaient le mieux aux doctrines artistiques et luxueuses de la société romantique. Nous avons montré par d'abondantes citations qu'il fut celui-là. En même temps l'orfèvre rompait avec l'orfèvrerie anglaise, rappelait l'attention sur l'orfèvrerie française du XVIII° siècle, tentait, avec d'Albert de Luynes, des modèles réellement nouveaux. Et encore, aux expositions nationales ou internationales, il forçait d'accorder à son art et à ses collaborateurs une importance qu'on ne leur avait pas encore attribuée officiellement.

Ce sont des titres à l'attention et à l'estime. Son nom ne se dissociera point du mouvement intellectuel de cette époque brillante. Dans les écrins où l'on a fait place aux bijoux de Froment-Meurice, dans les riches intérieurs qui ont conservé ses pièces de table, on les estime, on s'en pare comme d'objets d'art anciens.

N'est-ce point un des rayons de la gloire?

PH. BURTY.

Paris, janvier 1883.

APPENDICE

NOTES ET DESCRIPTIONS

DES MOYENS EMPLOYÉS POUR LA FABRICATION DE PIÈCES DE JOAILLERIE,
BIJOUTERIE ET ORFÈVRERIE D'ART, EN PRENANT EN MAIN TROIS OBJETS
AU HASARD, DONT LE GENRE SE DISTINGUE SUFFISAMMENT POUR DONNER
LIEU A DES EXPLICATIONS PERMETTANT DE SUIVRE FACILEMENT ET PAR
DEGRÉS LA MARCHE DU TRAVAIL.

Je prends d'abord un petit reliquaire à glace huit pans, haut de 0^{m}26 et de forme Renaissance. Cet objet n'est qu'en blanc comme point d'avancement d'exécution et pourrait recevoir, en cet état, un tout autre genre de décoration que celui qu'il recevra. Pour commencer l'exécution d'après dessin donné, il faut faire un calibre en zinc épousant les contours du pied, du nœud de la petite gorge, ainsi que de la moulure se terminant par une doucine sur laquelle repose l'entablement huit pans; ce calibre sera pris, bien entendu, sur la vive arête des pans. Pour arriver à faire ce calibre exactement, ne pouvant plus suivre les contours de l'objet, une fois arrivé en bas des pans il faut faire une rondelle de zinc toute ronde, de la grandeur exacte du carré contourné du pied, plus une seconde prise à l'endroit où se terminent les pans; le calibre de silhouette trouvera ensuite facilement les contours exacts à suivre.

Ce travail de calibre terminé, on fixera sur le tour un morceau de bois, qui, une fois tourné et ajusté scrupuleusement suivant les calibres, constituera la maquette de la grandeur et du profil exacts du dessin; on fera au compas la division des six pans et du festonné; ce travail se fait à la lime et à l'échoppe.

Voilà donc une maquette pouvant servir de modèle à une partie de l'objet.

Le travail du métal commence au pied, par le carré du bas que l'on peut faire de six morceaux, ou d'une seule pièce, dans une plaque sur laquelle on fait un tracé exact, que l'on reperce, puis répare intérieurement et extérieurement à la lime rude d'abord, et douce ensuite, et enfin que l'on polit avec la pierre d'ardoise bleue. Le bord d'oves est fait par une plaque à laquelle on donne le contour du pied, et l'arrondi s'obtient par le marteau en retreignant le bord, sur un outil ayant la forme du modèle; ces sortes d'outils se font en fer qu'il faut mettre soi-même en forme. On soude ensuite ce bord d'oves, après le réparé à la lime et le poli, sur le carré du bas; on coupe ensuite la partie du milieu de la plaque qui a été laissée pour souder, afin de conserver le tout bien droit, car l'argent, se dilatant beaucoup au feu, se déformerait, et il y aurait difficulté à redresser le tout.

La partie à six pans s'obtient par la retreinte, en faisant une rondelle en plané forgé, laminé à une certaine épaisseur, suivant le genre de décoration que doit recevoir cette partie. Cette plaque a été prise assez forte pour cet objet, à cause du dessin dont les fonds sont rongés à l'eau-forte. La retreinte consiste à ployer le métal par contre-coups, en appuyant la rondelle sur une bigorne ou une boule, suivant la forme à produire, et en frappant avec la tranche d'un maillet de buis ou de corne, et, si le métal est très épais, avec un marteau de fer. On arrive, en recuisant trois ou quatre fois, à obtenir une boule de trois quarts de rond, sur laquelle les coups de maillet ou de marteau doivent être marqués régulièrement en spirale, partant soit à droite, soit à gauche, depuis le bas de la boule jusqu'en haut. Enfin, par ce moyen, on arrive, en étudiant bien la forme, à ajuster cet argent dans les contours des calibres. Une fois la pièce en cet état, il faut planer le tout sur la même bigorne, mais avec un marteau poli, afin d'unir la superficie du métal; les six pans s'obtiennent ensuite par les mêmes moyens, mais avec une bigorne à angles vifs, suivant la forme exigée.

Viennent ensuite le réparé, l'ajustement, la soudure des pièces ensemble. La soudure n'est autre chose que de l'argent, que l'on rend plus fusible en l'alliant avec un peu plus de cuivre jaune que n'en contient l'argent à 0^m95 ; on mêle les paillons de soudure avec du borax, qui a la propriété de conserver au métal une surface fraîche, et permet à la soudure en fusion de faire corps avec l'argent en pénétrant dans les pores du métal.

Les moulures de haut et bas à huit pans sont tirées à la bille, mais elles peuvent être faites avec un cercle tourné, que l'on redresse ensuite; puis on les ajuste par bout autour d'une tôle de fer plate, ayant le contour intérieur de la cage. Les baguettes demi-jonc qui séparent les glaces sont faites par deux fils tirés ensemble dans une filière à trous ronds; les baguettes du toit sont tirées à la bille; le tout lui-même est fait de huit plaques courbées et soudées ensemble. Quant à l'ajustement des glaces, qui est l'œuvre d'un ouvrier hors ligne, il faudrait des détails écrits beaucoup trop longuement; il ne peut s'expliquer que verbalement et pièce en main.

Ce reliquaire s'ouvre en dévissant le pied, qui tient à la plaque huit pans, à l'endroit de la doucine; dans cette doucine se trouve une vis femelle, dans laquelle entre la vis mâle, qui est soudée au milieu du double fond intérieur de la cage, en traversant le fond extérieur. La moulure de cette dernière pièce emboîte tout le bas de la cage de cristal par la pression de la vis; une seule de ces glaces n'est pas fixée à demeure et peut se retirer de la coulisse pour placer la relique; une fois le tout remonté, rien ne laisse voir l'ouverture.

Les anges ainsi que les consoles sont fondus tirés d'épaisseur, les ornements rongés à l'eau-forte seront ciselés; dans les chatons seront sertis des grenats et turquoises; différentes parties dorées ou réservées blanches seront le complément de décoration de cette pièce d'art.

BIJOUTERIE

EXÉCUTION D'UNE CHATELAINE.

Armoiries, couronne de baron allemand; supports, aigles noires.

Sur un plâtre sculpté d'après dessin, les masses ont été arrêtées; mais les détails ont dû subir de notables modifications, attendu que le plâtre est loin de rendre les effets que donnent les différentes teintes d'émaux et de pierres; ainsi notre exécution est devenue plus relief, la couronne plus grande, sans parler d'autres petits détails. — Cette plaque de châtelaine fera pendant de cou, plaque de bracelet et broche, par des armatures fixées à boulons. — Les cuirs de l'écusson (en or à 22 karats, afin d'obtenir la nuance d'émail demandée) ont dû être faits d'abord en plomb, en cuivre ensuite, à titre de maquette, afin d'en arrêter les proportions et de prendre, pour l'exécution en or, les moyens les plus sûrs afin de ne pas fatiguer le métal en le ployant inutilement en différents sens, ce qui est une condition de réussite pour l'émail. — Une fois ce travail obtenu, il a fallu enlever la moitié de l'épaisseur de l'or et le remplacer par de l'argent qui devra être serti en diamants; la légende, sertie aussi en diamants, se trouve rapportée à charnières et à rivets afin que le serti puisse se faire facilement, et pour cela il faut que la pièce à sertir soit bien assujettie sur du ciment sec, de la gomme laque, ou de la poix de Bourgogne; il y a donc grand avantage pour la perfection du travail à diviser les pièces, afin que si un accident arrive à l'une d'elles les autres soient préservées.

La couronne est faite d'une plaque cintrée dans la forme voulue; on trace ensuite sur cette plaque les détails de la couronne; ce qui est en trop comme métal, est ensuite repercé et les contours réparés avec des limes d'aiguilles de toutes formes. Le véritable mouvement est ensuite donné à la couronne : cette première partie est faite en or à 18; tous les filets sertis de pierres sont de petits fils d'or à 20, laminés, plats et soudés sur le corps de la couronne. Cette qualité d'or est nécessaire : l'or à 20 étant plus mou que l'or à 18, il convient à un travail de serti soigné. — La couronne est montée à vis sur l'écusson. Les aigles ont été fondues creuses sur un plâtre, ciselées ensuite; puis les parties émaillées ont nécessité un champlevé, c'est-à-dire qu'il a fallu à l'échoppe enlever une épaisseur d'or équivalente à l'épaisseur de l'émail, afin de ne pas changer les détails du modèle.

Les rubans rouges qui servent de maillons de chaîne sont faits par les mêmes moyens que le cuir de l'écusson, les petites roues qui sont des pièces contenues dans les armes de la personne, ont été prises dans une plaque d'argent sur laquelle on a tracé, au burin, les contours exacts, puis repercées, ramolayées, polies et serties.

Le cachet, à embase de péridot gravé, est entièrement pris sur pièce : un cuivre a été fait au préalable pour en arrêter le modèle; les pièces du cachet sont montées à vis.

Cette châtelaine est, dans son ensemble et comme difficulté, une pièce de bijouterie de premier ordre.

JOAILLERIE

EXÉCUTION D'UNE COQUILLE EN DIAMANT,
Pouvant servir d'aigrette pour les cheveux.

Cette coquille est en platine allié d'argent. Ce genre d'alliage a été choisi au lieu de l'argent pur qui s'oxyde au contact de l'air. Le platine pur eût été trop noir pour faire une œuvre de joaillerie, mais l'alliage d'une partie de ce métal avec l'argent donne un coupé vif très net. Le moyen le plus sûr d'allier le platine à l'argent est de le dissoudre par les acides et de le réduire en une poudre impalpable, nommée mousse de platine, qu'on laisse tomber en pluie fine dans l'argent fondu et chauffé presque à blanc.

Il faut, comme début d'exécution, tracer sur une plaque de cuivre une coquille un peu plus grande que le plâtre modèle, afin que par le rétréci qui résulte de l'embouti on arrive à la grandeur voulue.

Les palmettes qui font saillie dans l'intérieur de la coquille, sont ensuite cintrées et ajustées en prenant en considération la quantité, la grosseur et la forme des pierres destinées à l'objet, ainsi que le plâtre dont le sentiment du modèle doit être pris comme point de départ.

C'est pour se rendre bien compte de l'effet que produira l'objet que cette maquette de cuivre est nécessaire avec presque toutes les pierres collées avec de la cire.

L'exécution sérieuse commence ensuite en corrigeant les défauts qui ont été remarqués sur la maquette; vient ensuite le perçage des trous, puis l'ajustement des pierres. Ce travail fait, il faut emboutir des fonds ou doublure en or à 18 que l'on ajuste et que l'on soude; on perce également ces fonds. La mise à jour des pierres consiste à faire disparaître le métal qui pourrait troubler la transparence des pierres; on donne à ces jours une forme en rapport avec la disposition des pierres et les contours de l'objet.

Il se trouve alors que toutes ces petites alvéoles forment un tissu de petits filets d'or contournant toutes les pierres et la pierre elle-même, tandis que les ajours et le dessus restent en platine allié d'argent.

Viennent ensuite le poli et le serti. Les palmettes sont fixées dans l'intérieur de la coquille par des vis et des goupilles invisibles. La gerbe de diamants de couleur, sertis à griffe illusion, est faite en platine pur recroui et laminé; c'est le seul métal précieux ayant la raideur nécessaire pour nous permettre des fils assez fins laissant voir complètement la coquille et les diamants de couleur suspendus et isolés.

La tige de roseaux est faite d'argent doré vert et rapportée à vis en deux morceaux entrant de chaque côté du noyau de la coquille.

Cette pièce a dû être faite d'argent doré : car l'or vert n'eût pas donné, après le travail de serti, la teinte verte obtenue par la dorure.

On procède, pour l'exécution de cette pièce, comme pour le travail de la coquille. Ce travail de joaillerie demande beaucoup de précision et d'adresse dans l'exécution.

EXÉCUTION D'UNE STATUETTE EN COQUILLE.

On a une statuette en plâtre, cuivre ou marbre, sur laquelle le mouleur sur plâtre fait un moule en creux, divisé en plusieurs morceaux afin que chacun d'eux soit de dépouille pour pouvoir retirer la pièce de métal qu'on y a emboutie.

Ces différents morceaux de plâtre sont moulés et fondus en cuivre pour servir d'estampes; ensuite, on les assemble au moyen de fortes vis en fer et de tenons. Pour pouvoir les démonter pendant le cours du travail, on en assemble le plus grand nombre possible, autant que le travail d'estampage le permet : par ce moyen, vous augmentez les difficultés d'exécution, il est vrai, mais vous évitez que votre statuette ne soit remplie de coutures, et cela vous donne un travail beaucoup plus exact et beaucoup plus solide.

Moyens d'exécuter le travail :

Vous prenez une plaque d'argent 001, 1/2 millième d'épaisseur, vous retreignez cette plaque dans la forme de la partie que vous voulez estamper; vous obtenez ce résultat en la martelant sur des outils en fer de différentes formes appelés boules, bigornes, outils d'étaux. A chaque chaude que vous lui donnez, c'est-à-dire à chaque martelage que vous lui faites subir, vous êtes obligé de la recuire pour recommencer votre travail : car, une fois écrouie, cette plaque cesse d'être malléable, et si vous vouliez continuer votre travail, vous finiriez par la déchirer. Cette opération consiste à la rougir au gaz ou à la forge, puis vous l'éteignez (trempez) dans un vase rempli d'eau additionnée de 1/10e d'acide sulfurique.

Si on ne l'éteint pas, cette plaque redevient moitié plus dure.

Pour avoir une statue bien faite et d'un travail propre, il faut absolument que votre plaque soit préparée au marteau dans la forme exacte de votre creux, cette plaque étant trop mince pour être emboutie de manière à obtenir les reliefs de la statuette; le creux ne sert donc que pour donner la pureté des formes.

Travail d'assemblage :

Vous limez le bord de vos plaques pour que l'assemblage soit net, en ayant soin de compasser tous les détails pour qu'ils soient de même grosseur que ceux du modèle, puis, au moyen de fils de fer de différentes forces, vous les attachez pour souder les assemblages à la soudure forte.

Lorsque vous mettez votre pièce au feu, il faut avoir soin de la chauffer entièrement et régulièrement pour éviter qu'elle ne travaille par l'effet de la chaleur : il se produit une dilatation dans tous les sens, et très souvent les assemblages se dérangent; il arrive quelquefois que, malgré toutes les précautions, la pièce change de forme.

En orfèvrerie, ce genre de travail demande beaucoup de goût, de soin et de patience.

AMPHORE FAITE AU MARTEAU.

On prend une plaque de grandeur et d'épaisseur variables, selon la pièce que l'on veut exécuter. Pour faire une pièce basse de forme et n'ayant aucune partie resserrée, on peut prendre une plaque dont l'épaisseur sera de 3/4 de millième; si, au contraire, on veut en faire une haute de forme et étroite de panse, il faudra prendre une plaque de 001 1/2 d'épaisseur.

Je suppose une amphore dont la hauteur est de 48 centimètres, la grosseur de panse de 16 centimètres, il faudra une plaque de 001 1/2 d'épaisseur et de 40 centimètres de diamètre. Je vais donner la raison de cette différence d'épaisseur, en expliquant comment on fait une amphore, de la grandeur désignée ci-dessus, avec une plaque de 40 centimètres.

Vous retreignez cette plaque au moyen d'un outil en fer à tête arrondie, appelé boule, et d'un maillet en buis de forme coupante; avec ces deux outils vous donnez sept à huit chaudes pour diminuer le diamètre de votre plaque. A chaque chaude vous devez la recuire et la resserrer au moins d'un centimètre; ensuite, avec une bigorne et un marteau en fer, vous continuerez vos chaudes jusqu'à ce que votre pièce soit en forme cylindrique du diamètre de 16 centimètres, grosseur de l'amphore que vous voulez faire. Quand vous retreignez une plaque de métal, vous la diminuez de grandeur : naturellement le métal se refoule en lui-même, alors vous êtes obligé de vous servir d'un marteau en fer assez tranchant pour l'amincir, sans cela il arriverait un moment où vous ne pourriez plus le faire obéir. D'un autre côté, si vous prenez une plaque de métal qui soit mince, elle renforce, il est vrai, mais elle se plisse, et ces plis forment des gerçures, au point que vous ne pourrez guère lui donner que vingt-cinq à trente chaudes, tandis qu'en prenant une plaque forte elle ne plisse pas; on a l'avantage qu'elle se gerce bien moins, et comme elle devient très épaisse, vous êtes forcé de la marteler fortement, ce qui resserre les pores du métal et le bonifie assez pour que vous puissiez donner une cinquantaine de chaudes, nombre qu'il faut pour faire une amphore de 48 centimètres de hauteur. Il est à remarquer que cette plaque de 40 centimètres a une circonférence de 1m20, qu'il a fallu la retreindre jusqu'à ce que cette circonférence égale celle du col de l'amphore qui n'est que de 15 centimètres, c'est-à-dire 5 centimètres de grosseur.

Le travail au marteau est celui de l'orfèvrerie où l'on rencontre le plus de difficultés à cause de la dilatation du métal, à ce point qu'il en est quelques-unes que l'on ne peut vaincre.

EXÉCUTION D'UN CANDÉLABRE.

Pour l'exécution d'un candélabre, le sculpteur fait une maquette en terre glaise pour se rendre compte des proportions : celles-ci une fois arrêtées, il fait des modèles en plâtre pour que le fondeur les puisse reproduire en métal ; ensuite l'orfèvre les soude et prépare pour le ciseleur ; la ciselure terminée, il en fait la monture générale. Selon le style de l'ornementation, vous êtes obligé de souder tous les détails en une seule pièce ; dans d'autres cas on peut faire des montures à froid au moyen de vis et écrous. Ce dernier mode est préférable : car, lorsqu'on veut dorer quelques parties, le travail est plus facile et la dorure beaucoup mieux réussie. D'un autre côté, s'il arrive que l'on casse un détail quelconque, la réparation est bien moins coûteuse et plus facile à faire.

En orfèvrerie, c'est le travail qui comporte le moins de difficultés.

INDEX DES NOMS

ALBERT (Prince). 63.
AMÉLIE (La reine). 40.
AMIENS (Évêque d'). 69.
ANGLETERRE (Reine d'). 63.
ANGOULÊME (Duc d'). 14.
Artisans illustres (Les). 42.
AUGUSTE. 9, 10.

BABEUR. 45, 58, 77.
BALTARD (Victor). 36.
BALZAC. 5, 18, 23 à 27, 65.
BAPST. 15.
BARYE. 3, 13, 14.
BEAUVOIR (Roger de). 32.
BERLIOZ. 28.
BERRI (La duchesse de). 4, 13.
BIENNAIS. 9, 11, 13.
BOETZEL (Hélène). 48.
BOGBRE (Comtesse de). 36.
BOULANGER. 10.
BOULANGER (Louis). 17.
BRANDE (W.-Th.). 60.
BUHOT (Félix). 17.

CAHIER. 13.
CAILLARD. 18, 19.
CALONNE (Alphonse de). 50, 66.
CARADOSSO. 70.
CAVAIGNAC (Le général). 48, 54.
CAVELIER (Louis et Jean). 27, 32, 36, 54, 65, 66, 77, 78.
CELLINI (Benvenuto). 4, 72, 78.
CHAMBORD (Comtesse de). 46.
CHAMPEAUX. 9.
CHANGARNIER (Le général). 48, 55.
CHARLES X. 14.
CHARLIER (Mme). 70.
CHAUDET. 11.
CHENAVARD et CHENAVARD. 13.
CHEVREUL. 41.
CHRISTOPHE. 14.
CLAREMONT. 7.
COLTER. 77.
COMBALO (L'abbé). 36.
COURTRY (Charles). 38, 48.

CROSVILLE. 58, 77.
CUVILLER. 11.

DANTAN (Le musée). 27.
DAUBERGUE (Alexandre). 45, 58, 77.
DAVID (Louis). 9.
DAVID (d'Angers). 3, 65, 77.
DAVIOUD. 30.
Débats (Journal Les). 6, 62.
DECAMPS. 39.
DEGUERRY (L'abbé). 16.
DELACROIX (Eugène). 3, 28.
DELAROCHE (Paul). 36.
DEMIDOFF (Le prince). 69.
DENIÈRE. 32, 34, 66.
DEVÉRIA (Achille). 5, 32.
DREUX (Alfred de). 40.
DUBAN. 52.
DUBUFE. 17.
DUMONT. 11.
DUPLESSIS. 43.
DUPONCHEL. 14.
DURAND. 10, 13.

ELKINGTON. 60.
ELOIZA (D. Francisco). 60.
ÉMERY. 42.
ESCARS (Duchesse d'). 50.
ESPAGNE (Reine d'). 70.
EXPOSITION DE 1839. 36.
EXPOSITION DE 1844. 32, 42, 63.
EXPOSITION DE 1849. 45.
EXPOSITION DE 1851. 7, 58.
EXPOSITION UNIVERSELLE DE 1855. 70.
EXPOSITION UNIVERSELLE DE 1878. 43.
EXPOSITION RÉTROSPECTIVE (1882). 9.

FANNIÈRE (Les frères). 45, 58, 66, 74, 77.
FAUCONNIER. 6, 13, 15, 45, 58.
FAUVEAU (Mlle de). 13.
FERDINAND CHARLES DE BOURBON. 51.
FEUCHÈRE (Le baron de). 42.

FEUCHÈRES (Jean). 32, 36-39, 49, 55, 62, 65, 66, 73, 76.
FEUILLANT (Mme). 30.
FONTAINE. 9, 10.
FOSSIN. 14, 15.
FRÉMENTEUIL. 58, 77.
FROMENT. 16.

GARNERAY. 11.
GARRARD. 12, 62.
GATTEAUX. 36.
GAUDAIS. 13.
GAUTIER (Théophile). 4, 12, 18, 38, 64, 66.
GAVARNI. 5, 32.
Gazette des Beaux-Arts. 6.
GEOFFROY-DECHAUMES. 50, 76.
GIGOUX (Jehan). 32.
GIRARDIN (Mme Émile de). 27.
GIRODET. 15.
GIROUX. 10.
GOUTTIÈRE. 8, 9.
GERY (John). 60.
GRISÉE. 77.
GRUNER (L.). 60.
GUEYTON. 14.

HAMILTON (Duc de). 8.
HANCOCK. 60.
HANSKA (Princesse). 24-26.
HERICART DE THURY. 28, 66.
HONORÉ. 77.
HOPE (Henry). 59.
HUGO (Victor). 18, 63, 66, 78.

Illustration (Journal L'). 41, 46.
INSTITUT. 10.

JACQUEMART (Jules). 77.
JAN (Laurent). 26.
JANET-LANGE. 41.
JANIN (Jules). 6, 17, 56, 62, 66, 75.
JOHNSON (Percival-Nata). 60.
JOSÉPHINE (L'impératrice). 10.
JOUIN. 77.
JUSTIN. 66.

INDEX DES NOMS

KAEMMERER. 60.
KLAGMANN (Jules). 14, 42, 73.

LAMI (Eugène). 4.
LASSUS. 3.
LASTEYRIE (Ferdinand de). 16, 66, 75.
LAURENS. 22.
LEBRUN. 9, 13.
LACALPRADE (L'abbé de). 16.
LE DAGRE (Nicolas-François). 60.
LEFOURNIER. 77.
LENGLET. 15.
LEPAGE. 14.
LIÉNARD. 41, 45, 50, 58, 66, 67.
LISTZ. 17.
LOUIS-PHILIPPE (Les princesses filles de). 5.
LOUISE-MARIE-THÉRÈSE DE FRANCE. 51.
LUCQUES (Prince de). 51.
LUCQUES (Princesse de). 48.
LUXEMBOUG (Musée du). 10, 11.
LUYNES (Duc d'Albert de). 7, 36, 45, 48, 55, 58-61, 66, 67, 75, 79.

MADEMOISELLE (S. A. R.). 24.
MAILLÉ (Comte de). 45.
MANTZ (Paul). 6.
MARAIS (Louis). 38.
MARIE-LOUISE (L'impératrice). 10, 11.
MARIE-STUART. 4.
MARREL. 14, 60.
MARSEILLE (Dames de). 46.
MARTIAL-BERNARD. 43.
MEISSONIER. 35.
METHEY (Georges). 60.
MEURICE (Paul). 16, 64, 75.
MEYER. 50, 77.
MNISZECH (Georges). 24, 25.
MOINE (Antonin). 4.
MONTBRO. 19.

MONTPENSIER (Duc de). 17, 46, 47.
MONTPENSIER (Duchesse de). 63.
MOREAU. 10.
MOREL. 14, 60.
MORTIMER. 67.
MOTTE. 5.
MULERET. 45, 58, 66, 77.

NANTEUIL (Célestin). 5, 28.
NAPOLÉON I*er*, 9-11.

ODIOT. 10-13.
OLIVA. 17.
Opinion publique (Journal *L'*). 50.
ORLÉANS (Duc d'). 4.
ORLÉANS (Duchesse d'). 36.

PARIS (Ville de). 9.
PARIS (Comte de). 14, 35, 48.
PARME (Duchesse de). 24, 48, 63.
PASCAL. 65.
PENTHIÈVRE (Duc de). 7.
PERCIER. 9, 10, 12.
PEREIRE (M*me* Isaac). 69.
PICHON (Le baron Jérôme). 7.
PIE IX (Le pape). 6, 54, 63.
PLANCHE (Gustave). 45, 65, 76-79.
PLON (Eugène). 73.
PLUVINEL. 40.
POUX. 45, 58, 77.
PRADIER. 33, 36, 43, 61, 65.
PRASLON. 70.
PRÉAULT (Auguste). 28, 65, 76, 77.
Presse (Journal *La*). 18, 38.
PRUDHON. 10.
PRZEZELZIECKA (La comtesse). 68.

RAMBERT. 41, 77.
RAMBUTEAU (Comte de). 17.
REICHSTADT (Duc de). 11.

RENDUEL (Eugène). 5.
Revue des Deux-Mondes. 70, 75.
RICHARD. 28, 43.
RICHARD (Westley). 60.
RICHEBOURG. 38.
RIESTER. 77.
ROGUIER. 11.
ROQUEPLAN (Camille). 17.
ROTHSCHILD. 63.
ROUILLARD. 38, 65, 66, 77.
RUDOLPHI. 14.
RUSSIE (Empereur de). 12, 63.

SABATTIER D'ESPEYRAN (M*me*). 36, 70.
SALLANDROUZE. 60.
SCHŒNWERCK. 40, 65.
Siècle (Journal *Le*). 16, 66.
SIMART. 61.
SOITOUX. 77.
SOLLIER. 43, 45, 50, 58, 66, 77.
SUE (Eugène). 18-23.

TANCRÈDE (Capitaine de). 24.
THOUIN. 10, 12.
TURPIN DE CRISSÉ. 12, 50.
TURQUIE (Empereur de). 13.

UNION CENTRALE DES ARTS DÉCORATIFS. 9.

VECHTE. 14, 28, 35, 38, 45, 66.
VERNET (Horace). 11.

WAGNER. 6, 14, 15, 34.
WECK. 48.
WESEY (Thomas). 60.
WIESE. 58, 77.
WILLIAMSON. 9.
WISSET. 45.
WOLOWSKI. 45, 66.

YOUNGE (Robert). 60.

ZEFTINGEN. 60.

Page 16, lisez : *Lacalprade* et non *Lecalpède*.
Pages 19 et suivantes, Eugène Sue a écrit *Benevenuto*.
Page 23, au lieu de : *Ami faber*, lisez : *Aurifaber*.
Page 33, lisez : *monceaux* au lieu de « morceaux de diamants ».
Page 36, lire *Cavelier*, et non *Cavalier*.

PLACEMENT DES EAUX-FORTES

En regard de la page 1, le portrait de F.-D. FROMENT-MEURICE, gravé par M. Félix Buhot d'après une photographie.

Page 26. *La Canne de M. de Balzac*, gravée par Jules Jacquemart d'après l'original en fer modelé par Louis Cavelier.

Page 42. *Le Vase Émery*, de Jules Klagmann, gravé par M. Gustave Greux d'après une photographie de l'original.

Page 54. *L'Épée du général Cavaignac*, par Jean Cavelier, gravée d'après un dessin par M. Léon Gaucherel.

Page 56. *Sine Cerere ac Baccho friget Venus*, par Jean Feuchères, gravé d'après une photographie par M. Charles Courtry.

Page 62. *La Toilette de Vénus*, groupe en ivoire et argent, gravé par M. E. Boilvin d'après une photographie.

Toutes les épreuves sortent des presses de M. A. Salmon, imprimeur en taille-douce, rue Saint-Jacques, n° 187.

FAC-SIMILÉS

LETTRE DE EUGENE SUE

Cher Benvenuto ne me blâmez pas trop de mes d'importunités — cette imagination — ma table était petite et ne servant que plat à plat. je suis obligé de mettre à chaque couvert le menu du dîner, or au lieu de le mettre sur une feuille de papier ce qui est bête, je voudrais, dans le cas où les grouppes d'enfans que je vous envoie pourraient être fondus à l'effet sans beaucoup de frais qu'ils servissent chacun de manche à un petit panneau de bois de rose entouré d'une petite feuille de vigne courante à peu près ainsi: Elle s'ouvrirait par une petite charnière et servirait à maintenir la feuille de papier sur laquelle serait le menu, et dont je vous envoie les grandeurs suffisantes

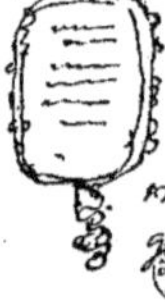

œufs que vous le voyez
voici les inscriptions culinaires
qu'elles contient.

    Filets de Bœufs à la godard
    Suprême de volaille
    Filets de Sole à la Orly
    Filets de Cornetons aux oranges
    Épigrammes d'agneaux
        Faisans truffés
    Petits pois à l'anglaise
    Bécasses Chaudes au Cousinage
    abricots à la Condé

Si les font des petits groupes c'est
trop coûteux ou trop difficile
Je me contenterai du petit
Enfant seul, ou au deffaut
Ça se aie qu'un être mieux en plus
Simple — en tirant Ça que
M'en rapporte à votre

artistique Seigneurie

 Votre pardon de vous
envoyer un tant de détails,
mais vous êtes peu avec
à faire de exploits Service
une Chose d'art si complette
qu'il est impossible de
laisser clocher un détail
Je préfère le bois de rose
à l'Ebène parcequ'il est plus
gai pour un dîner, en
que l'argent va à merveille
bien entendu que pour ce
Surplus ferveur pour vous
demander la Supplement sur
le reste, surtout sur les groupes
Qui demanderaient du temps à
Evider, en tout bien confides,
et dans l'Espoir d'avoir peut être
le tout Ensemble, je me borne
au petit Enfant Seul que je
vous envoie, à qui fera voir le
venir un Manche flor Elegant

autre chose pendant qu'il y passe
— les branches du gui aussi tendres
qu'elles étaient, se trouvèrent
à une bonne et juste hauteur, à
cause du bouquet, qui était toujours
assez monté et très épanoui allaient
au moins jusqu'au deux tiers d'une
grande bougie de sorte qu'après deux
heures 'p de table, la mèche
touchait presque aux fleurs

Voici donc à peu près la hauteur pour
votre gouverne — autre chose ! (que
d'autres choses) serait-il possible de
ménager une Salière entre deux
feuilles de vigne ou un deux petites
fleurs pour y mettre planter une
ou deux Cure-dents ? C'est très
vulgaire, mais très commode —
 Pardon encor. de l'ennui
 que je vous cause
 à Seul ; tout ce
je vous envoie Nous
groupes en enfant seul
voir choisir au demi Repos

ATTESTATION DES COLLABORATEURS
DE FROMENT-MEURICE
(15 NOVEMBRE 1855)

Nous soussignés, — Statuaires, Sculpteurs, dessinateurs, ciseleurs, émailleurs, Contre-maîtres et ouvriers, — tous collaborateurs de M. Froment-Meurice,

Nous regardons comme un devoir et nous nous faisons une joie d'attester que non seulement M. Froment-Meurice n'a en aucun temps négligé de nommer ceux qu'il associait à son œuvre, mais qu'il s'est toujours et partout attaché à marquer la part et à faire ressortir le talent de chacun de nous dans le grand ensemble de travaux qu'il dirigeait. —

[Signatures of collaborators, dated 15 novembre 1855]

A PARIS

DES PRESSES DE D. JOUAUST
Imprimeur breveté
Rue Saint-Honoré, 338

M DCCC LXXXIII

23e ANNÉE — N° 1116   18 AVRIL 1896

LA
FRANCE ILLUSTRÉE

RAOUL NARSY, RÉDACTEUR EN CHEF

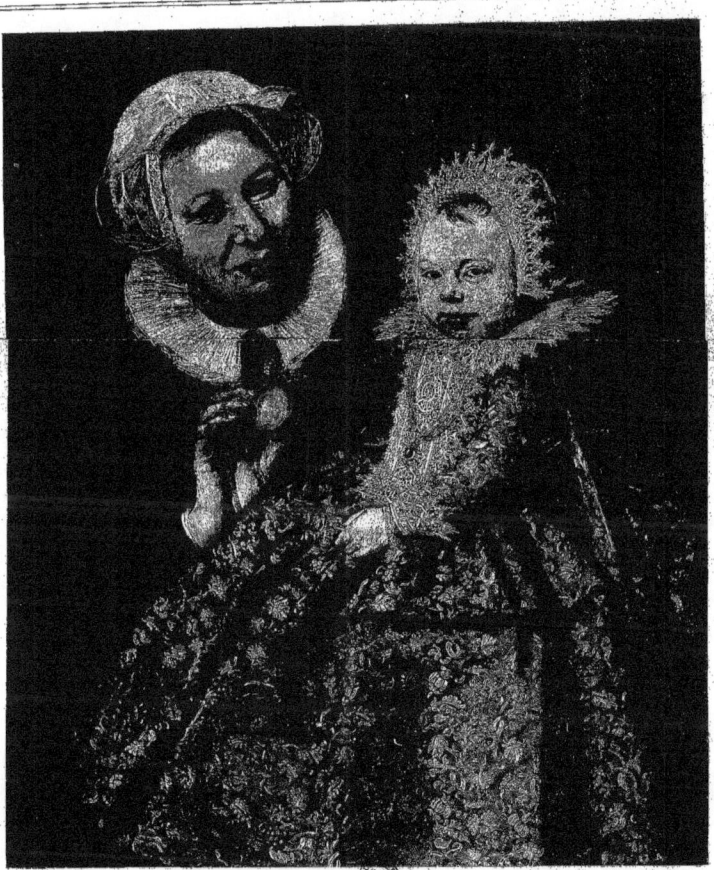

LA NOURRICE ET L'ENFANT, gravé par H. Ribbe, d'après Frantz Hals.

www.ingramcontent.com/pod-product-compliance
Lightning Source LLC
Chambersburg PA
CBHW070142230526
45471CB00002B/481